Coordenação
Selma Garrido Pimenta

EDITORA AFILIADA

© 2018 by Mauro Betti
Pierre Normando Gomes-da-Silva

© Direitos de publicação
CORTEZ EDITORA
Rua Monte Alegre, 1074 – Perdizes
05014-001 – São Paulo – SP
Tel.: (11) 3864-0111 Fax: (11) 3864-4290
cortez@cortezeditora.com.br
www.cortezeditora.com.br

Direção
José Xavier Cortez

Editor
Amir Piedade

Preparação
Alessandra Biral

Revisão
Alexandre Ricardo da Cunha
Viviane Carrijo

Edição de Arte
Mauricio Rindeika Seolin

Ilustração de capa
Felipe Batista

Obra em conformidade ao
Novo Acordo Ortográfico da Língua Portuguesa

Dados Internacionais de Catalogação na Publicação (CIP)
(Câmara Brasileira do Livro, SP, Brasil)

Betti, Mauro
Corporeidade, jogo, linguagem: a Educação Física
nos anos iniciais do Ensino Fundamental / Mauro Betti,
Pierre Normando Gomes-da-Silva; ilustrações Felipe
Batista. – 1. ed. – São Paulo: Cortez, 2018. – (Docência
em formação / coordenação Selma Garrido Pimenta)

Bibliografia.
ISBN 978-85-249-2702-7

1. Educação física (Ensino Fundamental) 2. Metodologia
3. Pedagogia 4. Prática de ensino I. Gomes-da-Silva,
Pierre Normando. II. Batista, Felipe. III. Título. IV. Série.

18-20321	CDD-372.86

Índices para catálogo sistemático:
1. Educação física escolar: Ensino Fundamental   372.86

Iolanda Rodrigues Biode – Bibliotecária – CRB-8/10014

Impresso no Brasil – dezembro de 2022

Mauro Betti
Pierre Normando Gomes-da-Silva

Corporeidade, jogo, linguagem
a Educação Física nos anos iniciais do Ensino Fundamental

Ilustrações:
Felipe Batista

1ª edição
1ª reimpressão

Sumário

AOS PROFESSORES..9

APRESENTAÇÃO DA COLEÇÃO 11

Para início de conversa 19

CAPÍTULO I APROXIMAÇÃO À EDUCAÇÃO FÍSICA 25

1. Por que sou professor ou professora de Educação Física? 27

  1.1. O processo de identificação do professor 30

2. Educação Física para quê? 35

  2.1. Educação Física é linguagem 38

  2.2. Compreensão do sujeito que aprende: corporeidade 44

  2.3. Compreensão do conteúdo que a Educação Física ensina: o jogo ..47

Capítulo II VAMOS CONVERSAR SOBRE OS PRINCÍPIOS
DIDÁTICO-PEDAGÓGICOS E CONTEÚDOS
DA EDUCAÇÃO FÍSICA 57

1. Princípios Didático-Pedagógicos da Educação Física 57

  1.1. Princípio da Diversidade 58

  1.2. Princípio da Inclusão 58

  1.3. Princípio da Adequação aos Aprendentes 60

  1.4. Princípio da Dialogicidade 61

2. Conteúdos da Educação Física 62

  2.1. Jogos sensoriais 69

  2.2. Jogos ambientais 73

  2.3. Jogos de (des)construção 75

  2.4. Jogos simbólicos 78

2.5. Jogos rítmicos 80

2.6. Jogos de exercícios 84

2.7. Jogos de luta 94

2.8. Jogos integrativos 97

2.9. Jogos de invasão 98

2.10. Jogos de rebatida 100

2.11. Jogos de marca 103

2.12. Jogos de precisão 104

2.13. Jogos de raciocínio 107

3. Finalizando esse jogo 112

Capítulo III Vamos conversar sobre
a aula de Educação Física 116

1. Como estruturar a aula 118

1.1. Fundamentos da aula 119

1.2. Finalidades da aula 123

1.3. Método da aula: experiência de aprendizagem 126

1.4. Estruturação didática da aula 132

2. Como organizar o ensino 138

2.1. Ecologia individual do ensinar 143

2.2. Ecologia social do ensinar 146

2.3. Ecologia ambiental do ensinar 153

3. Por que, o que e como avaliar 163

3.1. Os princípios da avaliação 166

3.2. O Objeto-Expectativa de Aprendizagem 168

3.3. Avaliação diagnóstica, formativa/integrativa e somativa 172

3.4. Pauta avaliativa 174

3.5. Aproximação de avaliação e aprendizagem 176

Capítulo IV PROFESSOR EXPERIENCIAL, COLABORATIVO
E REFLEXIVO: MÉTODO PARA O ESTÁGIO
SUPERVISIONADO EM EDUCAÇÃO FÍSICA 178

1. Da imitação à reflexão: concepções e diretrizes
legais do Estágio Supervisionado 179

2. Estágio em perspectiva semiótica: apontamentos preliminares 185

3. Método para o Estágio Supervisionado em Educação Física 186

3.1. Professor experiencial 190

3.2. Professor colaborativo 195

3.3 Professor reflexivo 212

COMPLETANDO A OBRA COM O(A)
PROFESSOR(A)-LEITOR(A) 218

REFERÊNCIAS 225

AOS PROFESSORES

A Cortez Editora tem a satisfação de trazer ao público brasileiro, particularmente aos estudantes e profissionais da área educacional, a Coleção Docência em Formação, destinada a subsidiar a formação inicial de professores e a formação contínua daqueles que se encontram no exercício da docência.

Resultado de reflexões, pesquisas e experiências de vários professores especialistas de todo o Brasil, a coleção propõe uma integração entre a produção acadêmica e o trabalho nas escolas. Configura um projeto inédito no mercado editorial brasileiro por abarcar a formação de professores para todos os níveis de escolaridade: a **Educação Básica** (incluindo a **Educação Infantil**, o **Ensino Fundamental** e o **Ensino Médio**) e a **Educação Superior**; a **Educação de Jovens e Adultos** e a **Educação Profissional**. Completa essa formação com os **Saberes Pedagógicos**.

Com mais de 38 anos de experiência e reconhecimento, a Cortez é uma referência no Brasil, nos demais países latino--americanos e em Portugal pela coerência de sua linha editorial e atualidade dos temas que publica, especialmente na área da educação, entre outras. É com orgulho e satisfação que lançamos esta coleção, pois estamos convencidos de que representa novo e valioso impulso e colaboração ao pensamento pedagógico e à valorização do trabalho dos professores na direção de uma melhoria da qualidade social da escolaridade.

José Xavier Cortez
Diretor

APRESENTAÇÃO DA COLEÇÃO

A Coleção **Docência em Formação** tem por objetivo oferecer aos professores em processo de formação e aos que já atuam como profissionais da Educação subsídios formativos que levem em conta as novas diretrizes curriculares, buscando atender, de modo criativo e crítico, às transformações introduzidas no sistema nacional de ensino pela Lei de Diretrizes e Bases da Educação Nacional, de 1996. Sem desconhecer a importância desse documento como referência legal, a proposta desta Coleção identifica seus avanços e seus recuos e assume como compromisso maior buscar uma efetiva interferência na realidade educacional por meio do processo de ensino e de aprendizagem, núcleo básico do trabalho docente. Seu propósito é, pois, fornecer aos docentes e alunos das diversas modalidades dos cursos de formação de professores (Licenciaturas) e aos docentes em exercício, livros de referência para sua preparação científica, técnica e pedagógica. Os livros contêm subsídios formativos relacionados ao campo dos saberes pedagógicos, bem como ao campo dos saberes relacionados aos conhecimentos especializados das áreas de formação profissional.

A proposta da Coleção parte de uma concepção orgânica e intencional de educação e de formação de seus profissionais, e com clareza do que se pretende formar para atuar no contexto da sociedade brasileira contemporânea, marcada por determinações históricas específicas.

Como bem mostram estudos e pesquisas recentes na área, os professores são profissionais essenciais nos processos de mudanças das sociedades. Se forem deixados à margem, as decisões pedagógicas e curriculares alheias, por mais interessantes que possam parecer, não se efetivam, não gerando efeitos sobre o social. Por isso, é preciso investir na formação e no desenvolvimento profissional dos professores.

Na sociedade contemporânea, as rápidas transformações no mundo do trabalho, o avanço tecnológico configurando a sociedade virtual e os meios de informação e comunicação incidem com bastante força na escola, aumentando os desafios para torná-la uma conquista democrática efetiva. Transformar as escolas em suas práticas e culturas tradicionais e burocráticas que, por intermédio da retenção e da evasão, acentuam a exclusão social, não é tarefa simples nem para poucos. O desafio é educar as crianças e os jovens propiciando-lhes um desenvolvimento humano, cultural, científico e tecnológico, de modo que adquiram condições para fazer frente às exigências do mundo contemporâneo. Tal objetivo exige esforço constante do coletivo da escola – diretores, professores, funcionários e pais de alunos – dos sindicatos, dos governantes e de outros grupos sociais organizados.

Não se ignora que esse desafio precisa ser prioritariamente enfrentado no campo das políticas públicas. Todavia, não é menos certo que os professores são profissionais essenciais na construção dessa nova escola. Nas últimas décadas, diferentes países realizaram grandes investimentos na área da formação e desenvolvimento profissional de professores visando essa finalidade. Os professores contribuem com seus saberes, seus valores, suas experiências nessa complexa tarefa de melhorar a qualidade social da escolarização.

Entendendo que a democratização do ensino passa pelos professores, por sua formação, por sua valorização profissional e por suas condições de trabalho, pesquisadores têm apontado para a importância do investimento no seu desenvolvimento profissional, que envolve formação inicial e continuada, articulada a um processo de valorização identitária e profissional dos professores. Identidade que é *epistemológica*, ou seja, que reconhece a docência como um *campo de conhecimentos específicos* configurados em quatro grandes conjuntos, a saber:

1. conteúdos das diversas áreas do saber e do ensino, ou seja, das ciências humanas e naturais, da cultura e das artes;
2. conteúdos didático-pedagógicos, diretamente relacionados ao campo da prática profissional;
3. conteúdos relacionados a saberes pedagógicos mais amplos do campo teórico da educação;
4. conteúdos ligados à explicitação do sentido da existência humana individual, com sensibilidade pessoal e social.

Vale ressaltar que identidade que é *profissional*, ou seja, a docência, constitui um campo específico de intervenção profissional na prática social. E, como tal, ele deve ser valorizado em seus salários e demais condições de exercício nas escolas.

O desenvolvimento profissional dos professores tem-se constituído em objetivo de propostas educacionais que valorizam a sua formação não mais fundamentada na racionalidade técnica, que os considera como meros executores de decisões alheias, mas em uma perspectiva que reconhece sua capacidade de decidir. Ao confrontar suas ações cotidianas com as produções teóricas, impõe-se rever suas práticas e as teorias que as informam, pesquisando a prática e produzindo novos conhecimentos para a teoria e a prática de ensinar. Assim, as transformações das práticas docentes só se efetivam à medida que o professor *amplia sua consciência sobre a própria prática*, a de sala de aula e a da escola como um todo, o que pressupõe os conhecimentos teóricos e críticos sobre a realidade. Tais propostas enfatizam que os professores colaboram para transformar as escolas em termos de gestão, currículos, organização, projetos educacionais, formas de trabalho pedagógico. Reformas gestadas nas instituições, sem tomar os professores como parceiros/autores, não transformam a escola na direção da qualidade social. Em consequência, *valorizar o trabalho docente significa dotar os professores de perspectivas de análise que os ajudem a compreender os contextos históricos, sociais, culturais, organizacionais nos quais se dá sua atividade docente.*

Na sociedade brasileira contemporânea, novas exigências estão postas ao trabalho dos professores. No colapso das antigas certezas morais, cobra-se deles que cumpram funções da família e de outras instâncias sociais; que respondam à necessidade de afeto dos alunos; que resolvam os problemas da violência, das drogas e da indisciplina; que preparem melhor os alunos nos conteúdos das matemáticas, das ciências e da tecnologia tendo em vista colocá--los em melhores condições para enfrentarem a competitividade; que restaurem a importância dos conhecimentos na perda de credibilidade das certezas científicas; que sejam os regeneradores das culturas/identidades perdidas com as desigualdades/diferenças culturais; que gestionem as escolas com economia cada vez mais frugal; que trabalhem coletivamente em escolas com horários cada vez mais fragmentados. Em que pese a importância dessas demandas, não se pode exigir que os professores individualmente considerados façam frente a elas. Espera-se, sim, que coletivamente apontem caminhos institucionais a seu enfrentamento.

É nesse contexto complexo, contraditório, carregado de conflitos de valor e de interpretações, que se faz necessário ressignificar a identidade do professor. O ensino, atividade característica do professor, é uma prática social complexa, carregada de conflitos de valor e que exige opções éticas e políticas. Ser professor requer saberes e conhecimentos científicos, pedagógicos, educacionais, sensibilidade da experiência, indagação teórica e criatividade para fazer frente às situações únicas, ambíguas, incertas, conflitivas e, por vezes, violentas, das situações de ensino, nos contextos escolares e não escolares. É da natureza da atividade docente proceder à mediação reflexiva e crítica entre as transformações sociais concretas e a formação humana dos alunos, questionando os modos de pensar, sentir, agir e de produzir e distribuir conhecimentos na sociedade.

APRESENTAÇÃO DA COLEÇÃO

Problematizando e analisando as situações da prática social de ensinar, o professor utiliza o conhecimento elaborado, das ciências, das artes, da filosofia, da pedagogia e das ciências da educação, como ferramentas para a compreensão e proposição do real. A Coleção investe, pois, na perspectiva que valoriza a capacidade de decidir dos professores. Assim, discutir os temas que perpassam seu cotidiano nas escolas – projeto pedagógico, autonomia, identidade e profissionalidade dos professores, violência, cultura, religiosidade, a importância do conhecimento e da informação na sociedade contemporânea, a ação coletiva e interdisciplinar, as questões de gênero, o papel do sindicato na formação, entre outros –, articulados aos contextos institucionais, às políticas públicas e confrontados com experiências de outros contextos escolares e com as teorias, é o caminho a que a **Coleção Docência em Formação** se propõe.

Os livros que a compõem apresentam um tratamento teórico-metodológico pautado em três premissas: há uma estreita vinculação entre os conteúdos científicos e os pedagógicos; o conhecimento se produz de forma construtiva e existe uma íntima articulação entre teoria e prática.

Assim, de um lado, impõe-se considerar que a atividade profissional de todo professor possui uma natureza pedagógica, isto é, vincula-se a objetivos educativos de formação humana e a processos metodológicos e organizacionais de transmissão e apropriação de saberes e modos de ação. O trabalho docente está impregnado de intencionalidade, pois visa a formação humana por meio de conteúdos e habilidades de pensamento e ação, implicando escolhas, valores, compromissos éticos. O que significa introduzir objetivos explícitos de natureza conceitual, procedimental e valorativa em relação aos conteúdos da matéria que se ensina; transformar o saber científico ou tecnológico em conteúdos formativos; selecionar e organizar conteúdos de acordo com critérios lógicos e psicológicos em função das características dos alunos e das finalidades do ensino; utilizar métodos e procedimentos de ensino específicos inserindo-se em uma estrutura organizacional em que participa das decisões e das ações coletivas. Por isso, para ensinar, o professor necessita de conhecimentos e práticas que ultrapassem o campo de sua especialidade.

De outro ponto de vista, é preciso levar em conta que todo conteúdo de saber é resultado de um processo de construção de conhecimento. Por isso, dominar conhecimentos não se refere apenas à apropriação de dados objetivos pré-elaborados, produtos prontos do saber acumulado. Mais do que dominar os produtos, interessa que os alunos compreendam que estes são resultantes de um processo de investigação humana. Assim, trabalhar o conhecimento no processo formativo dos alunos significa proceder à mediação entre os significados do saber no mundo atual e aqueles dos contextos nos quais foram produzidos. Significa explicitar os nexos entre a atividade de pesquisa e seus resultados, portanto, instrumentalizar os alunos no próprio processo de pesquisar.

Na formação de professores, os currículos devem configurar a pesquisa como princípio cognitivo, investigando com os alunos a realidade escolar, desenvolvendo neles essa atitude investigativa em suas atividades profissionais e assim configurando a pesquisa também como *princípio formativo* na docência.

Além disso, é no âmbito do processo educativo que mais íntima se afirma a relação entre a teoria e a prática. Em sua essência, a educação é uma prática, mas uma prática intrinsecamente intencionalizada pela teoria. Decorre dessa condição a atribuição de um lugar central ao estágio, no processo da formação do professor. Entendendo que o estágio é constituinte de todas as disciplinas percorrendo o processo formativo desde seu início, os livros da Coleção sugerem várias modalidades de articulação direta com as escolas e demais instâncias nas quais os professores atuarão, apresentando formas de estudo, análise e problematização dos saberes nelas praticados. O estágio também pode ser realizado como espaço de projetos interdisciplinares, ampliando a compreensão e o conhecimento da realidade profissional de ensinar. As experiências docentes dos alunos que já atuam no Magistério, como também daqueles que participam da formação continuada, devem ser valorizadas como referências importantes para serem discutidas e refletidas nas aulas.

Considerando que a relação entre as instituições formadoras e as escolas pode se constituir em espaço de formação contínua para os professores das escolas assim como para os formadores, os livros sugerem a realização de projetos conjuntos entre ambas. Essa relação com o campo profissional poderá propiciar ao aluno em formação oportunidade para rever e aprimorar sua escolha pelo Magistério.

Para subsidiar a formação inicial e continuada dos professores onde quer que se realizem: nos cursos de Licenciatura, de pedagogia e de pós-graduação, em universidades, faculdades isoladas, centros universitários e Ensino Médio, a Coleção está estruturada nas seguintes séries:

Educação Infantil: profissionais de creche e pré-escola.

Ensino Fundamental: professores do $1^{\underline{o}}$ ao $5^{\underline{o}}$ ano e do $6^{\underline{o}}$ ao $9^{\underline{o}}$ ano.

Ensino Médio: professores do Ensino Médio.

Ensino Superior: professores do Ensino Superior.

Educação de Jovens e Adultos: professores de jovens e adultos em cursos especiais.

Saberes pedagógicos e formação de professores.

APRESENTAÇÃO DA COLEÇÃO

Em síntese, a elaboração dos livros da Coleção pauta-se nas seguintes perspectivas: investir no conceito de *desenvolvimento profissional*, superando a visão dicotômica de formação inicial e de formação continuada; investir em sólida formação teórica nos campos que constituem os saberes da docência; considerar a formação voltada para a profissionalidade docente e para a construção da identidade de professor; tomar a pesquisa como componente essencial da/na formação; considerar a prática social concreta da educação como objeto de reflexão/formação ao longo do processo formativo; assumir a visão de totalidade do processo escolar/educacional em sua inserção no contexto sociocultural; valorizar a docência como atividade intelectual, crítica e reflexiva; considerar a ética como fator fundamental na formação e na atuação docente.

Selma Garrido Pimenta
Coordenadora

Para início de conversa...

Formar professores reflexivos, capazes de problematizar a própria prática para transformá-la, transformar o contexto e transformar-se é o desafio que uma pedagogia mais avançada lança para a formação inicial e continuada dos professores e professoras. Todos os professores são ou deveriam ser "pedagogos", no sentido de tornar-se profissionais que continuamente constroem metodologias que proponham saídas para problemas de aprendizagem, de comportamento grupal, e até mesmo de problemas sociais mais amplos que são enfrentados pela comunidade escolar e pela comunidade social em que a escola está inserida.

Para que isso seja possível, uma primeira indicação que propomos é fomentar a capacidade de analisar as diferentes situações educativas que se apresentam no cotidiano escolar para tomar as decisões pedagógicas adequadas. Portanto, desejamos oferecer reflexões didáticas capazes de colaborar na formação de professores conscientes, isto é, sensíveis aos contextos e a si mesmos, capazes de mobilizar recursos pedagógicos dantes adquiridos, criativos no encaminhamento das atividades de aprendizagem, críticos quanto aos determinantes estruturais (salário, políticas públicas da educação, projeto político-pedagógico) que interferem no trabalho docente em sala de aula, comprometidos com seus educandos, com as famílias destes, com a comunidade a que pertence, com a justiça social do país e com a sustentabilidade do planeta.

Nesse cenário de ambições amplas, apresentamos este livro para a Educação Física. Mas não o propomos como um receituário ideológico ou metodológico pronto e acabado, que apenas inscreve as nossas "verdades". O que estamos aqui propondo é um texto aberto, quer dizer, procuramos fazer deste livro um convite à reflexão e ação das professoras e dos professores, pois sabemos que uma das grandes dificuldades do trabalho docente em Educação Física, além do "por que", reside principalmente no "como ensinar", em especial na Educação Infantil e nos anos iniciais do Ensino Fundamental.

Nessa perspectiva do texto aberto, tomamos inicialmente duas providências. Primeiro, evitamos a estrutura de apresentar primeiro "teoria", depois "prática". Os fundamentos teóricos são apresentados ao longo dos capítulos, sempre em interação com a prática. Até porque para nós, que estamos influenciados pela Semiótica – a ciência dos signos – não é possível separar teoria e prática. Pensar é uma forma de agir e não há ação sem intenção, mesmo que esta não seja plenamente compreensível em um primeiro momento.

Segundo, ao longo do livro criamos a seção "Agora é sua vez...", chamando o(a) leitor(a)/professor(a) a completar o texto. A este caberá fazer registros de memórias, opiniões, intervenções, reflexões críticas e inovações construídas. Nosso objetivo é tornar o livro um companheiro no dia a dia docente. Compreendemos que as propostas formuladas, ao projetarem a intervenção do outro, são obrigatoriamente signos, construções de significados em aberto. Por isso mesmo resolvemos explicitar essa abertura ao processo de significação, convidando o professor-leitor a escrever.

Assim, estruturamos um livro apostando na "recepção estética" do professor, aquela em que o leitor não é apenas consumidor das ideias alheias, mas produtor das próprias, influenciado pelas ideias de outros. Nesse processo interativo, que reconhece e propõe ininterruptamente sentidos, não há um sentido último, o do autor. É esse procedimento em que os autores não se colocam como proprietários e convidam os leitores a gestos autorais, que o semioticista francês Roland Barthes denominou "Escritura". "O nascimento do leitor deve pagar-se com a morte do autor" (Barthes, 1988, p.70). A escritura é esse composto, em que a unidade do texto não está em sua origem, mas em seu destino.

Temos ciência de que a consumação desta proposta não está no lado de quem produziu, mas de quem dela fará uso. Assim, intencionalmente estamos nos opondo a apresentar, de modo pronto e acabado, fundamentos e estratégias dos processos de ensino-aprendizagem na Educação Física. Buscamos produzir um texto cuja função é auxiliar o professor diretamente no real da sala de aula, ou seja, queremos fazer deste livro uma Escritura, na medida em que vamos descentralizando e solicitando cada vez mais a intervenção do leitor.

Sabemos que muitas propostas, incluindo algumas das ditas "críticas", caminham na direção da "receita": refletem pelo professor e julgam por ele, restando a este apenas obediência, na forma de aprovação intelectual. Esse modelo dogmático de apresentar a "salvação", não nos serve, porque não respeita o processo cognitivo de significação, tanto do ponto de vista do conhecimento quanto do sujeito. Todo conhecimento, por mais elaborado que esteja, o compreendemos como incompleto e provisório. E o sujeito, por maior que seja sua maturidade, ainda é um devir, uma possibilidade, um aprendiz. Isso para dizer que nossa proposta é incompleta porque está em processo de tornar-se usual, e nós, autores, estamos no fluxo do aprender, tal como o leitor.

Nossa tarefa, como a de um artista, é apresentar uma "obra aberta" à significação, no dizer de Umberto Eco (1997). Nosso texto pretende-se obra aberta, na medida em que sua codificação não é rígida em termos estruturais, seus códigos cognitivos e afetivos são organizados no sentido de possibilitar a inovação e o complemento. De modo que nossa Escritura desenvolve uma dupla função: "Estimulação das interpretações e controle do campo de liberdade dessas interpretações" (Eco, 1997, p. 68).

A lógica de estimular a interpretação é fazer de nossa mensagem uma forma significante de preencher os espaços vazios, as nossas incompletudes. Não deixamos a obra significada demais, carregada de imposições. Pois, sendo assim, a obra não teria história de continuidade, não poderia capturar o acolhimento por parte do professor, tornar-se-ia uma comida sintética já totalmente assimilada pela nossa autoria.

Ambiguamente, a segunda função do "aberto" é que se estrutura confluindo para dentro de sua forma os novos significados produzidos. Ou seja, é aberto mas tem uma estrutura, dirige-se por uma concepção de Educação Física que é por nós explicitada como viável e abrangente.

Essa dupla função de estimulação e controle é a responsável pela equilibração, por uma tendência ao equilíbrio: a obra não está fechada para a inovação, improviso, complementos... mas também não está escancarada para deixar o professor desamparado, sem orientação de como agir. Esforçamo-nos por ficar o mais próximo possível das demandas da sala de aula. Uma proposta que não enfrente o "chão da escola" ou as demandas da cultura escolar brasileira seria covarde.

Enfim, o objetivo desta obra aberta é tornar-se Escritura, potencializando o professor em sua capacidade de Autoria. Ser autor da própria prática, ao fazer uso da proposição de Mauro e Pierre. Proposição que aborda a Educação Física como linguagem pela Semiótica (Betti, 1994a; Gomes-da-Silva, 1997, 2011; 2015a; Gomes-da-Silva; Betti; Gomes-da--Silva, 2014; Betti; Gomes-da-Silva; Gomes-da-Silva, 2015).

Merrel (2008) sugeriu para a educação em geral aprendizagens sentidas, reagidas e refletidas. Propomos o mesmo por meio de um ensino pautado na sedução, problematização e generalização, conforme delineado na Pedagogia da Corporeidade (Gomes-da-Silva, 2015b, 2016). E sugerimos aos professores: primeiro, sentir a proposta em ação; depois reagir a ela; e por fim, na reflexão, iniciar um novo ciclo, concebê-la em coautoria. Em termos de elaboração de uma proposta pedagógica, escolhemos um estado intermediário entre o "feito" e o "por fazer". Optamos por uma proposta de composição, que carece de acréscimos, já que o real da sala de aula é uma obra de arte sempre aberta.

Por isso, também os alunos (que aqui chamaremos de "aprendentes"), os demais docentes e gestores escolares são solicitados a participar na feitura desta obra, convidados a contribuir com sentimentos, opiniões e conceitos, em busca da construção de uma Educação Física não reduzida a uma "disciplina" curricular confinada, mas que, indisciplinadamente, proponha tempos e espaços de aprendizagem em movimento em todo ambiente escolar e mesmo fora dele.

> "Aprendente" é expressão utilizada por Hugo Assmann, no livro *Reencantar a educação*: rumo à sociedade aprendente (Petrópolis: Vozes, 1998).

> Lembramos que "disciplinar", dentre outros sentidos possíveis, quer dizer também submeter-se, domar, refrear, acomodar (HOUAISS, 2009).

Assim, no Capítulo I, fazemos uma aproximação ao tema, iniciando com uma problematização do processo de identificação dos professores com o "ensinar Educação Física". Em seguida, tratamos das finalidades da Educação Física na escola, indagando o que este componente curricular pode acrescentar à formação dos aprendentes, e introduzimos as justificativas e fundamentos de por que a Educação Física é linguagem e a aprendizagem é um processo semiótico. Ao final deste primeiro capítulo apresenta-se nosso entendimento do sujeito que aprende e dos conteúdos que se ensinam na Educação Física, os quais, em uma Pedagogia da Corporeidade, são gerados pelo *jogo*, que é uma espécie de "atrator" dos conteúdos temáticos nas Situações de Movimento de que trata a Educação Física.

O Capítulo II trata então dos treze gêneros de jogos que sugerimos, com apresentação de exemplos em cada um deles: Jogos sensoriais; Jogos ambientais; Jogos de (des)construção; Jogos simbólicos; Jogos rítmicos; Jogos de exercícios; Jogos de luta; Jogos integrativos; Jogos de invasão; Jogos de rebatida; Jogos de marca; Jogos de precisão e Jogos de raciocínio.

No Capítulo III, propomos uma conversa sobre a aula de Educação Física, sobre como estruturá-la no âmbito da Pedagogia da Corporeidade a partir de seus fundamentos semióticos, de suas finalidades, de seu método e estruturação didática, inspirados nos processos de sentir, reagir e refletir intrinsecamente ligados à experiência de aprendizagem. A organização do ensino, por sua vez, insere-se em uma concepção de "Ecologias do Ensinar" (individual, social e ambiental), que busca orientar as condutas do professor de modo a criar contextos favoráveis à aprendizagem.

O quarto e último capítulo aborda o tema dos estágios supervisionados, no qual apresentamos a proposta de método de formação do Professor Experiencial-Colaborativo-Reflexivo (Pecre) para esse componente curricular, decorrente de nossa experiência como professores de Estágio Supervisionado em Educação Física junto a cursos de licenciatura em universidades públicas, ao longo das últimas três décadas.

E, relembramos, em todos os capítulos, a seção "Quem não reflete, repete (provérbio chinês). Quem não escreve, esquece", provoca o(a) leitor(a)/professor(a) a sair da condição de reprodutor ao estado de produtor. O verdadeiro leitor, aqui, será aquele que escreve.

Por fim, dizemos aos colegas professores que tanto tem valor o ensino dos saberes específicos da Educação Física (sensibilização corporal, jogos, brincadeiras, rodas cantadas, ginásticas, esportes, lutas, danças, práticas corporais na natureza, capoeira, exploração do meio líquido, entre outros) quanto o compromisso ético-político com a dignidade da vida humana. Portanto, que o professor valorize sua intervenção pedagógica como contribuição para a formação humana e para a transformação do mundo em favor de mais justiça social.

I

Aproximação à Educação Física

Inicialmente, escolhemos falar sobre o processo de identificação do professor com o "ensinar Educação Física". Não iniciaremos, como é comum, posicionando a Educação Física como sistema pedagógico que se vem construindo há mais de dois séculos no interior das escolas, sob influência de interesses político-econômicos. Nem iniciaremos descrevendo as abordagens do ensino da Educação Física escolar, em suas sistematizações teórico--metodológicas (tradicionais, renovadoras, críticas) para o trabalho docente.

Resolvemos propor uma reflexão sobre como a Educação Física se apresenta no cotidiano escolar a partir da identificação do professor com a especificidade do seu trabalho. Essa ideia será central neste livro, pela qual iniciaremos nossa conversa.

É preciso atentar para o fato de que a historiografia hegemônica da Educação Física brasileira nem sempre leva em conta a identificação do professor em seu contexto de trabalho. Antes optou por discorrer sobre modelos históricos consensuais, tais como higienista, militarista e esportivista. Ou discorrer sobre as sistematizações pedagógicas elaboradas no meio acadêmico-universitário: construtivista, desenvolvimentista, histórico--crítica, sociológico-sistêmica, entre outras.

A nosso ver, sem focar no professor em seu contexto escolar, cairíamos em um "objetivismo abstrato", para usar a nomenclatura do semiólogo

> Mikhail Bakhtin (1895-1975), filósofo, ensaísta, filólogo, crítico literário e semiólogo russo. Pensador cuja influência é múltipla, desde os estudos culturais na antropologia até a linguística e crítica literária. Apesar de seus conceitos (carnavalização, dialogismo, gêneros discursivos, heteroglossia) estarem hoje presentes em diversos campos intelectuais, Bakhtin passou a maior parte de sua vida marginalizado em relação aos centros de poder cultural e político. Sempre exerceu a profissão de professor, mesmo em seus quinze anos de exílio devido a questões religiosas. Passou o final da vida em estado de grave enfermidade, em asilos em Moscou, sustentado pelo dinheiro que recebia com os direitos autorais, até sua morte em 1975 (Leite, 2011a).

russo Bakhtin (1988). Significa que descrevemos o todo histórico, sem dizer de ninguém, sem retratar contextos ou formas particulares; ou seja, sem ouvir o professor.

O objetivismo abstrato trata-se de uma compreensão "objetiva" porque é histórico-funcional; porém "abstrata" porque não considera a ação do docente, com seus dilemas e realizações. No campo pedagógico tal perspectiva, mesmo que não seja sua intenção, finda por situar o professor em um papel passivo, como aquele que está a esperar por uma nova teoria ou o manual didático de sua secretaria de educação.

Esse modo de historiar a produção do conhecimento da Educação Física não compreende que o processo gerativo dessa matéria escolar tem o agenciamento ativo do professor. Tomar o professor como aquele que operacionaliza ou não as intenções conjunturais é algo já sugerido na historiografia da Educação Física escolar.

Por exemplo, Betti (1991), ao estudar a articulação entre contexto político, finalidades educacionais e modos de propor os conteúdos e estratégias nas aulas ao longo da história da Educação Física brasileira, concluiu que o professor pode ou não adotar muitas das decisões político-pedagógicas tomadas em instâncias hierarquicamente superiores. Evidenciou, então, que o professor é ativo no processo, não é totalmente submisso a determinismos e esquemas ideológicos pré-fabricados.

Também destacamos o estudo de Silva e Bracht (2012), em que, etnografando práticas pedagógicas inovadoras, reconheceram a importância do professor, da sua formação e do ambiente escolar na produção do conhecimento pedagógico da Educação Física atual. Valorizar o desempenho dos professores em seus contextos específicos, mas sem eliminar a compreensão conjuntural, significa responsabilizá-los como partícipes do processo de formação cultural: tanto a deles próprias, como intelectuais, quanto a de seus aprendentes. Não estamos com isso fugindo da discussão sócio-histórica que envolve luta de classes e interesses econômicos, mas disso já se vem falando muito, e seria repetitivo. Nossa conversa aqui é outra.

Sobre o processo de identificação do professor, pensamos pela semiótica, especificamente a partir do conceito bakhtiniano de "vozes do discurso", para o qual um enunciado é permeado por outros enunciados que os antecedem socialmente.

> *Esses enunciados antecedentes não pertenciam exatamente a uma pessoa, mas sim ao meio social que esse indivíduo pertencia, pois quem se pronuncia, pronuncia a voz de uma sociedade, que às vezes longínqua está no tempo e no espaço* (Leite, 2011a, p. 55).

Conforme já explicamos na "Introdução" deste livro, optamos por "aprendente(s)" em vez de "aluno(s)". Compartilhamos aqui a compreensão de Assmann (1998, p. 129): aprendente é o "agente cognitivo que se encontra em processo ativo de estar aprendendo". Temos claro que também o professor é um aprendente. Todavia, neste caso vamos manter a denominação usual, para não confundir o protagonismo do professor com o dos alunos nos processos de ensino e aprendizagem.

Sendo assim, há de se considerar nesse processo diferentes vozes: as formas sociais coercitivas, os determinantes político-econômicos, os impositivos legais da formação em Educação Física, as resistências ou submissões dos professores ao contexto institucional, as formulações pedagógicas propostas no cenário nacional, estadual ou municipal. Entendemos que são essas muitas vozes que engendram o processo de identificação do professor. Por ora, neste capítulo, ouviremos vozes respondentes das questões: "Por que ser professor(a) de Educação Física?" e "Educação Física para quê?"

1. Por que sou professor ou professora de Educação Física?

Por que sou professor ou professora de Educação Física? É uma questão que nós, autores deste livro, temos nos feito muitas e muitas vezes, em quase três décadas de docência. É uma pergunta que o(a) leitor(a)/

professor(a) poderia também se fazer. Primeiro vem as respostas circunstanciais: foram as experiências com práticas corporais anteriores que influenciaram; foi um(a) professor(a) que muito marcou minha experiência de aluno/aprendente na Educação Básica; foi o curso em que consegui aprovação no vestibular.

Essas e muitas outras possíveis respostas nesse nível podem até bastar em um primeiro momento da inquietação, mas não conseguem se sustentar caso as perguntas progridam:

– Por que permaneço sendo professor(a) de Educação Física?
– No que o ensino desse componente curricular mantém relação com minha identidade pessoal ou existencial?

Nessas perguntas de segundo nível, marcamos nossa incursão, para onde queremos levar nossa reflexão.

A identidade profissional mantém relação com a identidade pessoal. Esse pressuposto parece uma obviedade, mas infelizmente não o é. Vivemos em uma sociedade dicotômica, na qual estão separados o prazer do dever. Quantas vezes, ouvimos adultos dizerem: "Primeiro o dever, depois o prazer!". O prazer, neste caso, aparece como uma espécie de prêmio pelo que se fez. Nós compreendemos, a partir da experiência, que no exercício docente é indissociável a relação entre o dever e o prazer.

Haverá problemas para quem está nessa situação de dever profissional não integrado ao prazer pessoal, porque passará vários anos em exercício, mas insatisfeito, fazendo o que não lhe dá realização. "Quem anda duzentos metros sem vontade/ anda seguindo o próprio funeral/ vestindo a própria mortalha", poetiza Walt Wal Whitman.

Walt Wal Whitman (1819-1892), poeta, ensaísta e jornalista norte-americano, citado por Rubem Alves em: Livro sem fim. São Paulo: Loyola, 2002, p.12.

Estar emocionalmente envolvido com o que faz, sem, no entanto, deixar de lado a profissionalidade técnica, é estar agindo no mundo como realização.

Também supomos que, nessa condição dicotômica de sentimento e racionalidade, técnica e paixão, o exercício profissional também terá problemas na escola que acolheu este professor, porque se trata de um profissional com pouca iniciativa e quase nenhuma criatividade, já que não está envolvido por inteiro no que faz. Porque o prazer é a força criativa da vida, é ela que sustenta a personalidade, a esperança; são essas experiências de prazer que determinam nossas emoções, pensamentos e comportamentos, ensina-nos Alexander Lowen (1990).

> Alexander Lowen (1910-2008), psicanalista estadunidense de orientação freudiana, estudante de Wilhelm Reich entre os anos 1940 e início dos anos 1950, em Nova York, desenvolveu a psicoterapia mente--corporal conhecida como "análise bioenergética".

"Gostar do que faz" não é só um dito popular, mas um princípio existencial de identificação. É esse "gostar" que mantém o professor empolgado na sala de aula, na escola, na comunidade. Sendo assim, sua ação "micro", apenas com suas turmas, em cada aula, vai tomando dimensões "macro". Os aprendentes começam a discursar sobre o que tem aprendido nas aulas, ou em casa ou com os colegas na comunidade que participam. E mais, à medida que o professor faz o que gosta, mais se identifica com o que faz, mais se torna ele mesmo. E, por fim, fazendo o que gosta, compreende que essa ação é ética e estética, consiste em sua intervenção política no mundo, seu legado, para deixar o mundo mais bonito, porque mais justo e alegre.

Contudo, temos presenciado tantos professores, às vezes ainda jovens na idade e na profissão, tão desesperançados. Acomodados à situação insatisfatória, também para eles mesmos, fazem apenas lamentar. São professoras e professores descontentes, que dizem: "Os alunos só querem isso mesmo [referindo-se a "jogar bola"], pois terão só isso!". Estar desesperançado ou não identificado com a ação docente é estar entregue ao abandono de si e dos sonhos. A não identificação é amiga do desamparo e do fatalismo. Dizem eles: "Não há como mudar. Estou insatisfeito com isso, mas fazer o quê? Os outros já disseram para desistir".

Não estamos dizendo que fazer o que se gosta não mantém relação com aspectos técnicos, relativamente padronizados e automatizados, mas que, quanto maior a competência maior o gosto, e quanto mais gostamos mais nos tornamos competentes, porque há dedicação e envolvimento.

Também não estamos conduzindo o gostar para o discurso da vocação sacerdotal, ou da "tia", mas da profissionalidade, do trabalhador em educação que reconhece seu valor social e reivindica para si, em termos de classe, melhores condições de trabalho e de salário. Estar identificado com a profissão implica engajar-se na luta política por uma melhor educação para todos.

1.1. O PROCESSO DE IDENTIFICAÇÃO DO PROFESSOR

Compreendemos a identificação como um processo. A identidade é um contínuo. Como o ser humano não está concluído, assim também o processo identificatório. Estamos sempre sendo. De modo que a construção da identidade do professor é dinâmica, realiza-se em um processo de integração das dimensões pessoal e social. E integrar não é fácil, nem harmônico, mas conflituoso. Não se dá de uma vez por todas, mas é processual; por isso, fala-se de um "processo identitário" (Nóvoa, 2007, p. 16).

Não há identidade finalizada, mas identificação decorrente das experiências de aprendizagem, de socialização, de apropriação e ressignificação de modelos: aprende-se a ser e a gostar de ser professor pelo sentido conferido às vivências docentes. De modo que, se não me identifico com a profissão hoje, em determinado contexto e com certo envolvimento, posso vir a identificar-me em outro contexto ou condição histórica e social. Como também o contrário, nada garante que meu entusiasmo profissional de hoje permaneça o mesmo ao longo da vida profissional. Mas tomara que sim, para benefício do próprio professor, dos aprendentes e da sociedade inteira!

FREIRE, João. *Vamos melhorar a Educação Física?* Disponível em: <http://blog.cev.org.br/joaofreire/2010 /vamos-melhorar-a-educacao-fisica/>. Acesso em: 30 maio 2015.

Identidade docente, então, é essa maneira dinâmica, instável, de ser e estar na profissão, de dar sentido ao que se faz, de gostar ou não do que foi feito em certo momento, de desejar melhorar a ação. Como disse João Batista Freire aos professores, "se a sua aula de amanhã for melhor que a de hoje, a educação física melhora, sem dúvida".

É assim, pela dinâmica entre intenção e ação, subjetividade e objetividade, que se vai construindo a identidade, ou melhor, o processo de identificação. É relacional e social, e, portanto, não depende só do sentimento individual, mas de um agir reflexivo e combativo. Identificação é, então, processo interno e externo, do que se acredita ser, das convicções, do que se faz e da prática que realiza.

Dubar (2005) ajuda-nos a compreender esse processo de ser professor, como uma experiência que é dada na "transação identitária", ou seja, quando a "identidade para si" relaciona-se com a "identidade para o outro". Minha identidade se constrói e se desenvolve, na transação entre o que meus discursos e práticas contam sobre mim mesmo e as atribuições que os outros lhes conferem. Ou seja, na produção dos sentidos que atribuo às minhas ações e nos sentidos que os outros atribuem a elas e, consequentemente, a mim mesmo.

A identificação na docência é o mesmo que o processo de construção de profissionalidade; está dado nessa transação entre o conferido e o incorporado, entre a organização do ensino, em seu contexto político-social-econômico, e o trabalho docente desenvolvido no dia a dia. Entretanto, é difícil identificar-se com a docência em um contexto de pouca valorização social e econômica da profissão, ou em uma instituição não democrática, ou em uma comunidade de pais não participativos, de estudantes desinteressados... De modo que as políticas educacionais e curriculares e os modelos de gestão e organização escolar interferem no trabalho docente, e, portanto, nesse processo identitário.

Ainda é preciso destacar nesse processo identitário a influência de dois outros fatores, segundo Dubar (2005). O primeiro são as representações sociais que o professor vai construindo ao longo da vida, suas narrativas de formação, seus conhecimentos, destrezas, valores e crenças. Ou seja, o professor vai se identificando ou não com o que vai pensando sobre o exercício da própria profissão. Como narra suas intervenções, seu modo de organizar o ensino. Como traduz seus sucessos e fracassos em relação ao desempenho profissional. O segundo fator é a importância da rede de relação entre os colegas profissionais, da mesma instituição ou de outras. Esse é outro aspecto que tem sido pouco considerado. Não nos fazemos professores sozinhos, mas em meio aos demais colegas, em contextos em que há ou não apoio institucional. É na cultura de colegialidade ou de competição, na lógica da diversidade ou da exclusão que nos formamos professores.

Depois de muitos anos vivendo no contexto escolar e dedicando-se a estudá-lo, é-nos possível afirmar que há uma espécie de "contágio afetivo" de identificação ou não identificação com a profissão na relação com os colegas de trabalho. Talvez seja esse um dos fatores que mais influência exerce no processo identitário. Quantas vezes se ouvem ironias de colegas reprovando determinadas atitudes de compromisso, tão simples como ser assíduo e pontual, por exemplo. Ou professores mais velhos desanimando jovens e entusiasmados professores recém-chegados à escola: "Meu filho, isto não vale a pena, espere alguns anos e verá". Isso em nada ajuda a melhorar a educação!

Antônio Nóvoa, ex-reitor da Universidade de Lisboa (Portugal), opôs-se à cultura da produtividade estabelecida no meio acadêmico, caracterizada pela busca desesperada por "excelência", "empreendedorismo" e "empregabilidade", e que tem produzido um ambiente competitivo, individualista e, portanto, insano. Como estratégia de confronto sugere "reconstruir uma cultura de debate e de crítica, marcada pela interação, pelo diálogo, pela leitura conjunta dos nossos trabalhos, pela capacidade de nos envolvermos numa conversa intelectual com os outros" (Nóvoa, 2015, p. 270). E concordamos com isso! De modo que o processo identitário também consiste em se opor a modelos operativos, geradores de mal-estar profundo, que afetam a vida profissional e pessoal dos membros da comunidade escolar.

Além dos colegas, também fazem parte do processo de identificação o envolvimento dos aprendentes e suas progressões ao longo das avaliações escolares. O professor sente-se identificado quanto mais percebe a evolução dos seus aprendentes e a ascensão dos seus egressos. Não há nada mais significativo para o professor do que escutar o reconhecimento de seus aprendentes ou ex-aprendentes.

Por tudo isso, insistimos em recolocar os professores no centro do debate, em diálogo com as regulações sociopolíticas e afetivas, porque no fim do processo são eles os principais, embora não únicos, produtores de sentido, ao integrarem as dimensões sociais e afetivas, a identidade para si e a identidade para o outro.

Agora é sua vez...

Quem não reflete repete! E quem não escreve esquece!

Responda às questões que lhe convier. Elas poderão ajudá-lo(a) a compreender melhor seu processo de identificação docente ou de profissionalidade.

1) Por que ensino Educação Física? Por que escolhi essa profissão? O que me levou a optar por ela?

_____

_____

_____

_____

2) Por que permaneço nessa profissão? Ela me realiza? Gosto de estar ensinando? O que mais me encanta nessa profissão de professor de Educação Física?

_____

_____

_____

_____

3) No que o ensino desse componente curricular mantém relação com minha identidade pessoal?

_____

_____

_____

_____

4) Quais são as imagens de "bons professores(as)" que trago na memória? Qual o primeiro nome de que me lembro? Por que ele(a) foi tão importante? Posso identificar algumas estratégias e/ou valores desses(as) professores(as) presentes na minha prática?

5) Tenho algum indicativo que revela a valorização do meu trabalho entre meus aprendentes, colegas de trabalho, direção da escola ou pais? O que eles dizem de minha intervenção? Há algum comentário que não gosto quando fazem a respeito das minhas condutas como docente? Possuo algum trabalho cooperativo com algum colega? Como são as relações de amizade ou companheirismo no grupo de professores?

6) Consigo identificar se há algum tipo de "contágio afetivo" em meu ambiente de trabalho? A partir do convívio com meus colegas, sinto-me mais estimulado ou desanimado? Os afetos que estão presentes no ambiente de trabalho são mais positivos ou negativos? Por que isso acontece?

7) Você se lembra de quais situações profissionais vividas já teve vontade de desistir, de mudar de profissão? E como reagiu a elas?

2. Educação Física para quê?

A Educação Física existe como disciplina escolar há mais de dois séculos na Europa, e quase cem anos no Brasil. Atualmente, é componente curricular obrigatório na Educação Básica brasileira, conforme os dispositivos legais vigentes. Embora importante, não é desse legalismo que queremos tratar aqui. Pretendemos, com você, professor ou professora, especialista ou não em Educação Física, refletir sobre as seguintes questões:

– Quais são as finalidades da Educação Física na escola?
– O que a Educação Física acrescenta à formação dos aprendentes?

Será que a aula de Educação Física é apenas um momento de divertimento para as crianças e de descanso para os professores de sala? Será que a Educação Física está na escola apenas para cumprir o postulado formal da "educação integral", porque é o componente curricular que cuida do "corpo", ao passo que os outros cuidam da "mente"? Então a aula de Educação Física serve para os aprendentes "liberarem suas energias", já que na sala os "conteúdos intelectuais" exigem contenção?

Inicialmente, importa-nos considerar que a Educação Física é uma matéria de ensino complexa, porque tem preocupações tanto com a formação humana nos aspectos motor, cognitivo, perceptivo, social, afetivo, político e moral, quanto se destina à melhoria da saúde, nos aspectos epidemiológicos da qualidade de vida, da prevenção e reeducação motriz. Essa complexidade e ambiguidade

> Conforme o art. 26 da Lei de Diretrizes e Bases da Educação Nacional – LDB (Lei n. 9.394 de 1996 [Brasil, 1996], com nova redação instituída pela Lei n. 12.796/2013 [Brasil, 2013]), os currículos da Educação Básica devem ter uma base nacional comum, complementada por uma parte diversificada, exigida pelas características regionais e locais da sociedade, da cultura, da economia e dos educandos. Em seu inciso 3º, o referido artigo, conforme alteração proposta pela Lei n. 10.793/2003, determina que: "A Educação Física, integrada à proposta pedagógica da escola, é componente curricular obrigatório da Educação Básica", e especifica ainda os casos em que sua prática é facultativa ao aluno (Brasil, 2003). Determina ainda o inciso 2º do art. 35-A, incluído na LDB pela Lei n. 13.415, de 2017, que "A Base Nacional Comum Curricular referente ao ensino médio incluirá obrigatoriamente estudos e práticas de educação física, arte, sociologia e filosofia".

é, muitas vezes, mal-entendida. Para uma mentalidade simplista, linear e causal, toda ambiguidade é maltratada. O que não é enquadrado é excluído.

Assim, os próprios profissionais de Educação Física, que trabalham dentro e fora da escola, ora a definem como pertencente ao campo da saúde (rotulada de "atividade física"), ou a delimitam como educação (denominando-a "pedagogia do movimento" ou termos correlatos), ou ainda, a consideram sinônimo de "esporte", quer dizer, como responsável pela descoberta e pela formação de atletas que integrem o sistema esportivo. Contudo, para nós, Educação Física é educação e saúde, ao mesmo tempo, sem divisão, sem confusão. É também esporte na medida em que não visualize o esporte como um fim em si mesmo, mas subordinado a objetivos educacionais específicos.

Ora, a Educação Física, como qualquer outra matéria escolar, intervém com procedimentos de ensino e se estrutura como uma prática educativa, ao tempo que seus resultados abrangem diferentes aspectos, e a saúde é um deles. Talvez por isso, muitos professores ainda trabalham com a Educação Física sem clareza na definição dos seus objetivos educacionais. Não sabem qual destino dar às suas aulas. Quando são perguntados, respondem automaticamente: "Educação Física é para desenvolver os aspectos motor, cognitivo e afetivo-social". Essa resposta não passa de um clichê, uma afirmação sem consistência teórico-metodológica. Uma frase vaga na qual tudo cabe e nada especifica.

Outra dificuldade para uma compreensão mais crítica das finalidades da Educação Física é a representação social desta na escola. Muitas vezes, um componente curricular em descrédito, manifestada na oferta das condições de infraestrutura (espaços inadequados e material didático-esportivo precário) e em certa cultura da prática que se disseminou entre os aprendentes. Em diversas escolas, estes estão habituados a ficar "livres" durante as aulas, os meninos jogando futebol e as meninas queimada/baleado. O professor, nessa situação, é apenas alguém que media o acesso ao material. Em escolas com este histórico de prática, quando se propõem mudanças, os primeiros a resistirem são os próprios aprendentes. Eles dizem: "era melhor o outro professor, que deixava a gente fazer o que quisesse".

Essa indefinição dos objetivos educacionais para a Educação Física, a nosso ver, é proveniente de uma política educacional ainda precária com relação a parâmetros que se proponham ir além da descoberta de talentos esportivos ou da mera "recreação".

São as finalidades educacionais que definem a prática pedagógica do professor. Porque são elas que determinam a seleção dos conteúdos, a busca de estratégias didáticas, a utilização de recursos e a avaliação. Sem finalidades educacionais claras, a Educação Física torna-se apenas um momento de entretenimento para os aprendentes na escola. E, infelizmente, isso acontece. Quando os objetivos não estão claros para o professor, a Educação Física perde seu valor pedagógico e passa a ser tratada pelos demais professores e pelos gestores escolares apenas como momento para os aprendentes extravasarem energia, um momento de *laissez-faire*, de "deixar fazer".

Por isso, dizemos que a fragilidade teórica na explicitação das finalidades educacionais da Educação Física denuncia a má qualidade da formação inicial dos licenciados em Educação Física e Pedagogia, a carência de formação continuada, a deficiência dos projetos pedagógicos institucionais das escolas e, por vezes, a desatenção dos gestores nos vários níveis do sistema educacional.

Por outro lado, a Educação Física é tão importante para os aprendentes que um recurso disciplinar muito utilizado pelos professores de sala no 1º ciclo do Ensino Fundamental é punir os desatentos, os irrequietos, aqueles que não fazem as tarefas, por meio do cerceamento da participação nas aulas de Educação Física. Procedimento em relação ao qual somos totalmente contrários, e que é preciso combater, pois priva as crianças do direito de participar das aulas de Educação Física, as quais contribuem de modo singular em sua formação.

APROXIMAÇÃO À EDUCAÇÃO FÍSICA

Mas, seja como for, o fato é que a Educação Física produz um impacto na escola, pela sua simples presença, pelo menos no 1º ciclo do Ensino Fundamental. Todos os professores de escola sabem disso. Talvez o impacto mais importante é permitir um "espaço/tempo de movimento", ou como aqui denominaremos: "Situações de Movimento". Em um modelo de educação tradicional, no qual os aprendentes, para aprender, devem estar quietos, imobilizados nas carteiras, enfileirados, olhando para a professora ou professor e sem possibilidade de comunicação, não há oportunidades para se movimentar. E mais ainda perverso é que, nesse modelo de escola, com o passar dos anos, o espaço/tempo de movimento vai sendo cada vez mais restrito.

De modo que discutir os objetivos da Educação Física é colocar em questão os currículos dos cursos de formação de professores, a atuação das secretarias de educação, a construção coletiva do projeto pedagógico institucional da escola e a orientação didático-pedagógica adotada pelo professor.

Vamos lá então! De nossa parte, quais são as finalidades da Educação Física? É o que passaremos a responder.

2.1. EDUCAÇÃO FÍSICA É LINGUAGEM

Componente curricular obrigatório na Educação Básica, com longo trajeto histórico no interior da escola, a Educação Física é de origem híbrida: educação e saúde. Suas finalidades não tem a suposta pureza dos conceitos abstratos das disciplinas "teóricas" de sala, nem da pura funcionalidade dos exercícios para promover aptidão física, ou dos jogos para gerar autonomia. É um componente híbrido porque é um lugar atravessado pela gama contraditória e conflitante de ideologias, valores e representações socioculturais (Bhabha, 1998). Não se constitui um sistema de significado único, mas é área de conhecimento de interstício, entre um e outro. Seus sentidos deslocam-se, articulam-se e ressignificam entre saúde e educação, como já dissemos, e agora incluímos também lazer e arte.

Para alguns, a hibridação deste componente parece ser fragilidade e confusão; para nós, sob a influência semiótica, nessa hibridação está a riqueza da Educação Física. É a diversidade e convergência de sentidos antagônicos que a constitui em uma prática social e de linguagem, que valoriza a experiência e prioriza processos. De modo que esse componente é educação que promove saúde, é saúde que promove educação; portanto, pertence ao campo das ciências tanto sociais quanto ao da saúde.

Mas a Educação Física mantém seu lugar híbrido também em relação ao lazer e à arte, ou seja, suas qualidades e propriedades prestam-se tanto às políticas públicas de lazer quanto aos espetáculos de dança, por exemplo.

Ratificamos o lugar híbrido da Educação Física na escola porque a linguagem é, por sua natureza, transdisciplinar. A linguagem é a capacidade humana de produzir sentidos, de articular significados sociais e pessoais, e compartilhá-los conforme as necessidades e experiências da vida em sociedade. E não se restringe ao verbal, à língua, pois inclui a produção de todo tipo de signo, verbal e não verbal, humano e não humano. Linguagem é produção sígnica, e esta é ponto de encontro entre comunicação humana e comportamento comunicativo de comunidades não humanas.

> Por exemplo, a comunicação entre um cão e seu dono, é funcional porque há produção e compartilhamento de signos de lado a lado.

Assim, tanto uma palavra é um signo quanto o podem ser uma imagem, um som, um gráfico, um gesto, um sentimento, um piscar de olhos, um passo de dança ou um drible no futebol. Isso porque a linguagem é a "potencialidade que os diversos sistemas de signos, uma vez organizados, dispõem para produzir informações" (Gomes-da-Silva; Betti; Gomes-da-Silva, 2014, p. 606), para comunicar com efeito estético, ético ou lógico.

A linguagem humana estrutura emoções, percepções, ações e pensamentos; permeia então toda forma de conhecimento e modos de relação

Charles Sanders Peirce (1838-1914), nascido nos EUA, matemático de formação, lógico por definição, criador do pragmaticismo, dedicou-se a descrever e classificar as ideias que são vividas em toda e qualquer experiência. As linhas gerais de seu pensamento e classificação dos signos foram publicadas em periódicos e estão reunidos em aproximadamente 4 mil páginas condensadas em oito volumes – *Collected Papers of Charles Sanders Peirce*, Cambridge, Massachusetts, Havard University Press, 1931-1935 e 1958. Grande parte dos seus escritos ainda são inéditos, em páginas manuscritas, sob os cuidados do Departamento de Filosofia da Universidade de Harvard.

dos humanos com o mundo, que Charles S. Peirce, pai da semiótica norte-americana, denominou Primeiridade, Secundidade e Terceiridade. Trata-se de categorias que alcançam toda experiência, quer dizer, classes de ideias que estão na experiência ordinária de todos nós, que brotam em conexão com a vida comum.

Primeiridade é a qualidade do instante presente. Secundidade é a experiência do esforço, do que compele a pensar. E Terceiridade é o pensamento interpretante, o que põe um primeiro em relação a um segundo. Pronto! já entramos na semiótica peirciana. Conforme Peirce (1990, p. 46), signo é:

> [...] aquilo que, sob certo aspecto ou de algum modo, representa alguma coisa para alguém. Dirige-se a alguém, isto é, cria na mente dessa pessoa um signo equivalente ou talvez um signo melhor desenvolvido. Ao signo, assim criado, denomino interpretante do primeiro signo.

Qualquer coisa pode vir a ser signo (palavra, imagem, som, gesto, artefato...), desde que se estabeleça o seguinte processo relacional: um primeiro (qualidade de algo que o torna apto a ser o que Peirce denominou um *representamen*), que remete a um segundo (o objeto representado) e para um terceiro (o interpretante, uma nova relação criada entre o primeiro e o segundo). O produto destas relações é também um signo – um signo gera outro signo, e a esse processo Peirce deu o nome de *semiose*.

Contudo, esse novo signo assim criado representa seu objeto apenas parcialmente, não esgota todos os seus aspectos, é apenas "mais bem desenvolvido", como diz Peirce. Por exemplo, se escrevemos aqui a palavra "futebol", ou se representamos em uma imagem uma bola sendo tocada por um pé calçado com uma chuteira:

Então para você, leitor, este "primeiro" (*representamen*), que sugere a existência de um fato, condição ou qualidade, está remetendo a algo (o "segundo") que está no mundo humano (um jogo, um esporte). Certamente, você já conhece o futebol de algum modo, já que ele está muito presente em nosso meio, ou seja, ele faz parte do seu repertório cultural. A relação interpretante que você estabelece entre este primeiro e este segundo, considerando o seu repertório, é o "terceiro" que poderá lhe trazer outros aspectos do futebol sobre os quais você ainda não havia pensado.

Antes de prosseguir, convidamos você, professor ou professora, a escrever as interpretações que lhe vêm à mente quando olha a imagem da bola e da chuteira:

_____
_____
_____
_____
_____
_____
_____

Agora, se a imagem for esta...

... você estabelecerá relações interpretantes um tanto diferentes das anteriores, não é mesmo? É bom notar agora que o signo não é capaz de representar todas as possibilidades do futebol. Nem o signo é a palavra ou a imagem em si, mas a relação interpretativa que desencadeia o processo cognoscente pelo qual realizamos a mediação com a realidade. Para a semiótica peirceana este é o único modo possível de conhecer o mundo.

Os signos interconectam coisas e estados do mundo, em processo contínuo de significar. Os signos não exatamente representam (no sentido de 'estar no lugar de') as coisas do mundo, mas interagem com elas, inter-relacionam-se com o mundo, conforme esclarece Merrell (2012).

Por isso, a Semiótica é a "ciência dos signos, uma teoria da significação, comunicação e cognição, que investiga as condições, processos e multiplicação de signos" e dizer signo "é dizer projeto de significação, informação, mediação e interação" (Gomes-da-Silva; Betti; Gomes-da--Silva, 2014, p. 603).

Portanto, entendemos a aprendizagem como um processo semiótico de significação, informação, mediação e interação com o mundo. E a Educação Física como o ensino da linguagem da movimentação, de *Situações de Movimento* para os aprendentes interagirem com o mundo e com eles mesmos, a problematizarem modos de ver a si mesmos e as circunstâncias sócio-históricas e ambientais, na perspectiva de encontrar soluções que atendam ao bem comum (Gomes-da-Silva, 2014). A produção de signos vividos e refletidos nas Situações de Movimento da Educação Física pode colaborar para que os aprendentes se organizem de modo emocional, neuromotor, cognitivo e ético em relação ao mundo em que vivem.

Por entendermos a Educação Física como linguagem (produção sígnica), que expressa e articula uma infinidade de possibilidades, apontamos o acerto dos Parâmetros Curriculares Nacionais do Ensino Médio (Brasil, 2000), que incluíram a Educação Física na "Área de Linguagens, Códigos e suas Tecnologias", ao lado de Língua Portuguesa, Língua Estrangeira Moderna e Arte. Esta área toma como objeto a linguagem e seus processos de significação, propondo como competências a serem apreendidas pelos aprendentes, entre outras:

✔ "Compreender e usar os sistemas simbólicos das diferentes linguagens como meios de organização cognitiva da realidade pela constituição de significados, expressão, comunicação e informação." (Brasil, 2000, p. 6)

✔ "Analisar, interpretar e aplicar os recursos expressivos das linguagens [...]." (Brasil, 2000, p. 8).

Por isso, dizemos que as outras áreas – Ciências da Natureza e Ciências Humanas – e suas disciplinas (Química, Biologia, História, Geografia, entre outras) são objetos da linguagem. Daí ratificarmos a afirmação de que a linguagem "permeia o conhecimento e as formas de conhecer, o pensamento e as formas de pensar, a comunicação e os modos de comunicar, a ação e os modos de agir" (Brasil, 2000, p. 5). Sugerimos que tal entendimento pode e deve ser estendido a todos os níveis de escolarização, tanto para a Educação Infantil quanto para o Ensino Fundamental.

A tendência de tratar a Educação Física na área de linguagem ou linguagens, ao lado de outras disciplinas escolares, como Língua Portuguesa e

APROXIMAÇÃO À EDUCAÇÃO FÍSICA

Arte, tem-se ampliado mais recentemente para outros documentos oficiais, como é o caso de alguns currículos nos âmbitos municipal e estadual.

No âmbito do governo federal, a Base Nacional Comum Curricular (BNCC) assume explicitamente a Educação Física no ensino fundamental como pertencente à área de linguagens, ao lado da Língua Portuguesa, Língua Inglesa e Arte (Brasil, 2018). Tais opções contemplam esforços para o entendimento de linguagem associado à Educação Física, algo ainda pouco presente na literatura especializada e na formação dos professores desse componente curricular.

Por ora, finalizamos este tópico afirmando que essas finalidades da Educação Física são coerentes com sua natureza híbrida, articulatória, porque é linguagem, tanto pela compreensão de sujeito que aprende quanto pela compreensão do conteúdo que ela ensina.

2.2. COMPREENSÃO DO SUJEITO QUE APRENDE: CORPOREIDADE

A Educação Física é um componente escolar igual aos outros, mas, ao mesmo tempo, diferente, singular. É igual porque também ensina aos aprendentes, esperando que eles aprendam certas habilidades, valores e conceitos. Ou melhor, que eles aprendam a viver de modo autônomo, portanto, sendo críticos, criativos e responsáveis para com a sobrevivência 'no' e 'do' planeta. Mas é diferente porque a Educação Física tem como meio e conteúdo Situações de Movimento delineadas em uma linguagem. Ou seja, na medida em que falamos em movimento, a aprendizagem na Educação Física envolve necessariamente uma experiência corporal, o que é pouco valorizado ou mesmo inexistente em outros componentes curriculares.

Segundo Peirce (1972), a experiência pertence ao plano da Secundidade, porque compreende um esforço em razão de algo que se lhe opõe. Esse esforço de resistência a algo que compele a pensar é nossa condição existencial. Nossa condição existencial, portanto, relaciona-se com nossa consciência da ação, ou melhor, da interação com o mundo externo (pessoas, objetos, espaços, outros seres...) e interno (sentimentos, pensamentos, devaneios, crenças...).

Portanto, é impossível pensar aprendizagem sem percepção, porque esta se constitui na interação agente-ambiente (natural e sociocultural). Percepção é função cognoscitiva de organização vital (Piaget, 1973), ao tempo que é função das interações sociais (Vigotski, 1984). Cérebro e mente são moldados no contexto histórico-cultural. Daí compreendermos não ser o corpo ou a mente que aprende, mas a pessoa na circunstância, condição que denominamos de corporeidade. Corporeidade, portanto, é nossa condição existencial, material e imaterial. É nossa condição ecológica, circunstancial, de adaptação ao mundo, e que também o adapta por meio de ações e simbolizações. É a ação que transforma a circunstância, unindo-se a ela e criando cultura.

Corporeidade é o modo frequente de estabelecer essa interação agente-ambiente. Sabendo que essa interação é externa, quando realiza a ação, e interna, quando internaliza as experiências fornecidas pelos modos de ação. Diz respeito, portanto, ao modo de organizar externamente, regulando a ação, ajustando-a ou coordenando-a; assim como de organizar internamente, próprio dos processos mentais apoiados nos signos. Corporeidade, então, não é um estado a alcançar, nem a expressividade de um corpo-sujeito, mas se trata do modo como nos organizamos na circunstância (Gomes-da-Silva, 2012a). Sendo assim, corporeidade é nossa condição de aprendente do mundo.

Prosseguindo, dizemos que corporeidade se refere ao enraizamento existencial da movimentação com o entorno. É a maneira humana de habitar o tempo e o espaço circunstancial. Essa forma de habitar o mundo é individual e coletiva ao mesmo tempo, porque é resultado do conflito de interesses, necessidade e desejos. Há um confronto entre forças libidinais, eróticas, que lutam para conduzir a vida criativamente, e forças econômico-políticas de modelagem social para a obediência e produtividade. Desse modo, a corporeidade é sempre configuração móvel, resultante do conflito destas e outras forças presentes, seja no cotidiano, seja nas Situações de Movimento propostas pela Educação Física.

APROXIMAÇÃO À EDUCAÇÃO FÍSICA

Com base nessa concepção, analisamos as Situações de Movimento como linguagem, porque elas evidenciam a tendência dos nossos gestos, o nosso modo de reagir às circunstâncias. Trata-se da configuração que vai sendo gerada nas vivências das diferentes Situações de Movimento. A aprendizagem é de ordenar a circunstância para nela habitar. Portanto, as Situações de Movimento são compreendidas como um ambiente comunicativo em que ocorre percepção, interpretação e respostas coerentes com as possibilidades circunstanciais, sejam elas naturais e/ou culturais.

Em tal perspectiva, não há determinismo linear sobre um só aspecto da experiência: habilidades motoras ou cognitivas, socioafetivas ou políticas. O foco está na situação, no ambiente gerado pela movimentação. Os que se movem estão dispostos ao mundo, assim como o mundo está disposto, ao mesmo tempo receptivo e resistente ao mover-se.

Assim, para além da dicotomia entre corpo-mente, sujeito-objeto, interno- -externo, natural-social, individual-coletivo, analisamos as situações de movimento, porque nosso conceito paradigmático consiste na semiótica da corporeidade (Gomes-da-Silva, 2014, p.17).

As crianças, nas aulas de Educação Física, ao se movimentarem nos jogos, interagindo com o ambiente e as demais pessoas, descobrem as propriedades dos objetos, apercebem-se das causalidades, das noções espaço-temporais, assim como progressivamente separam a si próprios do outro, na medida em que regulam suas experiências de ação. Estas experiências organizativas são assimiladas e acomodadas, além de possuírem uma natureza tanto retroativa quanto proativa (Piaget, 1973). Significa dizer que as experiências de ação e sua consequente internalização sígnica (Vigotski, 1984), constituem o caminho da aprendizagem, porque são elas que organizam nossas percepções e intervenções no mundo.

Um exemplo dessa experiência retroativa diz respeito à tridimensionalidade dos objetos, daí não precisarmos rodear uma cadeira para nos certificar que ela tem "costas". É porque temos a experiência da tridimensionalidade em nossa percepção-ação retroativa; estamos cientes de que temos nuca e costas, e não precisamos nos olhar no espelho a toda hora para nos certificar disso. Mas, como já dissemos, a experiência é também proativa, compreendemos que o sujeito aprende quando percebe e age no mundo ajustando suas posições e ações para obter melhor proveito na situação, a exemplo do jogador que necessita desmarcar-se e ficar em posição propícia para fazer o gol.

Para isso, citamos que se trata de um saber incorporado, o que significa dizer que um ato de inteligência supõe uma atividade do cérebro, e que o conhecimento adquirido está organicamente ligado ao nosso modo de ser na circunstância. Portanto, não há aprendizagem sem o seu enraizamento na corporeidade.

2.3. Compreensão do conteúdo que a Educação Física ensina: o jogo

É na Educação Física que os aprendentes, sobretudo nas grandes e médias cidades brasileiras, que pouco privilegiam os espaços públicos de lazer, tomam contato ou reinventam a cultura lúdica infantil, as brincadeiras: cirandas e rodas cantadas, pega-pega, amarelinha, pular corda, elástico... Por outro lado, a tradição pedagógica da Educação Física desenvolveu um "saber ensinar" brincadeiras, esportes, ginásticas, lutas, capoeira, danças e inúmeros exercícios. Assim, os aprendentes têm acesso às aprendizagens singulares que envolvem as Situações de Movimento.

Retomando o que já dissemos, entendemos a Situação de Movimento como linguagem, como diálogo com o mundo para conhecê-lo e se reconhecer. Eleger a Situação de Movimento para educar é coerente com a condição existencial das crianças, cuja característica primordial é a movimentação. O sujeito que aprende e o conteúdo que a Educação Física propõe ensinar não se separam, são como duas faces da mesma moeda. Observemos as crianças: elas estão sempre explorando o mundo por meio de muitos movimentos, e de tudo elas fazem brincadeira ou jogo, em toda ação elas encontram uma forma de se divertir.

> Refere-se aos movimentos realizados no trabalho, no sentido de atividade economicamente produtiva.

Na Educação Física, o jogo é conteúdo e estratégia ao mesmo tempo; portanto, é-nos uma situação de movimento privilegiada. Assim parece ter compreendido Parlebas (2001, p. 52), ao classificar todas as diferentes atividades motrizes como "Situação Ludomotriz". Esta categoria abrangeria todos os jogos, tantos os jogos competitivos caracterizados por suas regulamentações, quanto as atividades livres e autônomas, em que a pessoa realiza uma atividade motriz com regras bastante flexíveis. Em contraposição ao conceito de ergomotricidade, Parlebas utiliza a denominação *ludomotricidade* para a "natureza e campo das situações motrizes que correspondem aos jogos esportivos" (2001, p. 312), ou seja, aquelas práticas cuja finalidade relaciona-se ao prazer de jogar.

Há também outra classificação da qual nos aproximamos, de Freire e Scaglia (2003), para os quais o conteúdo da Educação Física pode convergir em duas classes: "jogo" e "exercício corporal".

Contudo, antes de prosseguir nesta direção, vamos conversar um pouco sobre a etimologia da palavra "jogo", que na língua portuguesa originou-se do latim vulgar *'jocus,i'* , "gracejo, mofa, zombaria", e cujo significado dicionarizado é "atividade cuja natureza ou finalidade é a diversão ou entretenimento" (Houaiss, 2009). E do latim clássico originou-se "lúdico", de *'ludus,i'*, "recreação", "que visa mais ao divertimento que a qualquer outro objetivo, que se faz por gosto, sem outro objetivo que o próprio prazer de fazê-lo" (Houaiss, 2009). De modo que uma atividade cuja finalidade está nela mesma é jogo ou *ludus*, mesmo sendo uma dança, um esporte ou uma ginástica.

Portanto, o jogo tem um fim em si mesmo, e o exercício corporal a que se referiram Freire e Scaglia (2003) objetiva a aquisição de um bem externo (coordenação motora, força muscular, aptidão cardiorrespiratória, entre outros exemplos). Santin (1987) nos ajuda a esclarecer este ponto, quando fala que a Educação Física articula *componentes intencionais* internos e externos, porque o ser humano se move sempre intencionalmente, e as intencionalidades estão sempre envoltas por valores e significações.

Os componentes intencionais internos são constituídos pelas "valorações que acompanham e se confundem com os próprios movimentos" (Santin, 1987, p. 36): a expressividade (o gesto e seu significado são inseparáveis); a competitividade (exercício de superação de si próprio); o prazer (fruição de valores estéticos, éticos e afetivos; movimento vivido como satisfação); e a premiação (a realização do movimento como premiação de si mesmo; recompensa íntima, pessoal). Ora, o que se está falando aí é do lúdico, é do próprio jogo!

Já os componentes intencionais externos são objetivos que tornam o movimento "um instrumento para obter um valor que não faz parte do movimento" (Santin, 1987, p. 37). São dessa ordem, por exemplo, a melhoria da saúde por meio dos exercícios físicos, ou recompensas financeiras por meio do esporte profissional, dimensões que não estão presentes no movimento em si, mas decorrem de determinadas articulações de seus componentes intencionais.

Nesse entendimento, é a articulação entre os componentes intencionais internos e externo que produz significações em cada Situação de Movimento, como representado na Figura 1.

Figura 1. Componentes intencionais do movimento humano

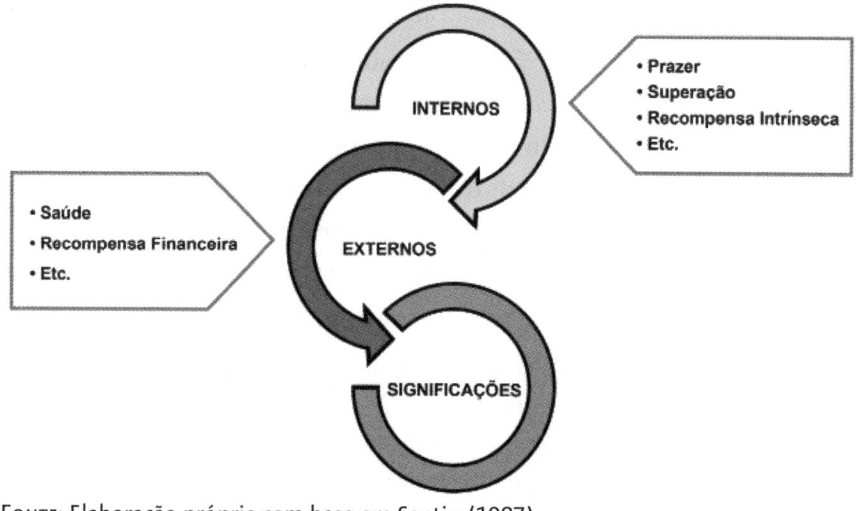

FONTE: Elaboração própria com base em Santin (1987).

Assim, entendemos que as Situações de Movimento que a Educação Física escolar propõe, ao estarem sempre envoltas pelos componentes intencionais internos, são primariamente manifestações do jogo, sempre situações *ludomotrizes*.

O jogo é uma categoria ampla e profunda, e muitos autores já o tomaram como objeto de estudo nos campos da pedagogia, antropologia e psicologia. Destacamos aqui alguns pensadores clássicos modernos que colocaram o jogo como nuclear em suas teorizações. São eles: Friedrich Fröebel (1782-1852), Johan Huizinga (1872-1945), Lev Semenovich Vigotski (1896-1934) e Jean Piaget (1896-1980).

Friedrich Fröebel, pedagogo alemão, criador do *kindergarten* ('jardim de infância') na primeira metade do século XIX, foi o primeiro educador a destacar o jogo como parte essencial do trabalho pedagógico. Seu projeto educacional visava a unidade entre o homem, seu criador e a natureza. Valorizava a individualidade do ser humano em unidade com a coletividade. Propôs educar o humano desde a infância, para garantir o pleno desenvolvimento. Sobre o jogo infantil, que considerava método para ensinar e diagnóstico da personalidade, afirmou: "Os jogos dessa idade são ou devem ser o descobrimento da faculdade vital, do impulso da vida, produtos da plenitude da vida, da alegria de viver que existe nos meninos" (Fröebel, 2001, p. 206).

Johan Huizinga, historiador holandês, em 1938, no hoje clássico livro *Homo ludens: o jogo como elemento da cultura*, defendeu o jogo não como um componente cultural entre outros, mas fator distinto e fundamental da cultura, presente em tudo o que acontece no mundo. Para ele, o jogo é um dos elementos espirituais básicos da vida. Por isso, propôs que ao lado do *Homo faber* e *Homo sapiens*, teríamos o *Homo ludens*. Conceituou jogo definindo suas características:

> *O jogo é uma atividade ou ocupação voluntária, exercida dentro de certos e determinados limites de tempo e de espaço, segundo regras livremente consentidas, mas absolutamente obrigatórias, dotado de um fim em si mesmo, acompanhado de um sentimento de tensão e de alegria e de uma consciência de ser diferente da vida cotidiana (Huizinga, 1996, p.33).*

Lev S. Vigotski, precursor da escola soviética de psicologia histórico-cultural, defendeu o desenvolvimento intelectual em função das interações sociais e condições de vida, e reescreveu a psicologia a partir da plasticidade humana: o ser humano não é só condicionado pelo ambiente, mas cria seu ambiente dando origem a novas formas de consciência ou organização. Cérebro e psiquismo são sistemas abertos, cuja estrutura e modo de funcionamento são moldados ontogenética e filogeneticamente.

> Lev Semenovich Vigotski (1896-1934), cientista bielorrusso, formado em Direito e Medicina, estudante de literatura e história da arte, professor na educação básica e superior, e criador do laboratório de psicologia da Rússia. Foi discriminado em seu país, inicialmente por sua origem judaica, e depois por acusações de "idealismo" no regime stalinista. O reconhecimento do valor de sua teoria, recém-descoberta em várias partes do mundo, foi adiado, provavelmente, por seu ideário materialismo marxista, em oposição às psicologias subjetivistas. Morreu prematuramente aos 37 anos, de tuberculose.

O jogo em Vigotski ocupa um lugar importante, na medida em que analisa os instrumentos e signos que fazem a mediação dos seres humanos entre si e deles com o mundo. Jogo, brinquedo ou brincadeira para Vigotski é instrumento que ajuda o sujeito a mudar sua relação com a realidade imediata, estabelecendo a conexão entre percepção e significação. Esse "pivô" inicialmente é objetal, "um cabo de vassoura torna-se um pivô da separação, no caso, a separação entre o significado `cavalo´ de um cavalo real" (Vigotski, 1984, p. 128). Depois o pivô é acional, "uma criança que bate os pés no chão e imagina-se cavalgando um cavalo, inverteu, por conseguinte, a razão: Ação/Significado para razão: Significado/Ação" (Vigotski, 1984, p. 132).

É por causa da operação com este pivô que, no brinquedo, o objeto ou a ação, estão subordinados ao significado. Para Vigotski, na relação com o brinquedo ou com a ação de brincar, a criança conduz seu processo de desenvolvimento mental, separando o pensamento do objeto real. Ou seja, a relação com a realidade vai sendo significada para além do imediato, porque vai mudando a estrutura de percepção e significado.

Outro autor importante nessa temática é Jean Piaget, biólogo e epistemólogo suíço, fundador de uma teoria do conhecimento com base no estudo da gênese psicológica do pensamento humano. Como professor de psicologia genética seus trabalhos estiveram relacionados com os processos educativos. O mais antigo data de 1935, e enfoca as descobertas da psicologia genética vinculando-as aos métodos considerados "ativos" (Piaget, 1985). Desde *Nascimento da inteligência da criança*, de 1936, Piaget caracterizou a construção do conhecimento em formas típicas de assimilação: exercício, símbolo e regra como formas de jogo.

A origem do jogo está na imitação que surge da preparação reflexa; imitar consiste em reproduzir um objeto na sua presença. O jogo de exercício, próprio da fase sensório-motor (com início nos primeiros meses de vida), é a forma da assimilação funcional ou repetitiva, quer dizer, do prazer da função. O jogo simbólico, no estágio da inteligência intuitiva (que se inicia por volta de dois anos), é a forma da assimilação deformante, ou seja, a realidade é compreendida por analogias; é um "faz de conta" que revela a importância do significado que a criança dá para suas ações. E o jogo de regras, característico do período operatório (que tem seu início por volta de sete anos), é a forma da assimilação recíproca, devido ao sentido da coletividade e de uma regularidade intencionalmente consentida.

Ao contrário de algumas interpretações correntes, não consideramos a teoria piagetiana etapista. Que dizer, o jogo de exercício permanece para além da primeira infância, assim como o jogo simbólico e o jogo de regras permanecem como formas de assimilação na construção do conhecimento após seus períodos típicos de surgimento. Por isso, em Piaget (1978), vemos que, mesmo quando se está desenvolvendo um exercício físico, sensório-motor apenas – com objetivo de hipertrofia da musculatura do bíceps, visando aquisição de força para o arremesso, por exemplo – pode-se manter a atividade pelo prazer da experimentação, do esforço adaptativo, podendo dela retirar um sentimento de eficácia ou poder. Isto é jogo de exercício, conforme definido por Piaget.

Sendo assim, compreendida por meio das noções piagetianas, nenhuma Situação de Movimento escapa da categoria "jogo", a não ser os exercícios dos reflexos. Desse modo, ao compreendemos os conteúdos de Educação Física como "Situações de Movimento",

APROXIMAÇÃO À EDUCAÇÃO FÍSICA

também as compreendemos como "Situações Lúdicas", ou simplesmente, "Jogo", que podem assumir diferentes formatos de práticas sociais.

Lembrando que, seja qual for o formato, este deve estar vinculado na educação escolar "aos propósitos e as direções da formação dos aprendentes", os quais dizem respeito "a modos de ser e conviver, de pensar e conhecer, de apreciar e usufruir, de agir" (Betti; Ferraz; Dantas, 2011, p. 106). Os formatos decorrem dos embates da luta de classes, dos determinantes sociais e ideológicos e dos "sistemas discursivos" hegemônicos ou contra-hegemônicos, conforme preceitua Laclau e Mouffe (2015).

Adentrando na condição sígnica da Situação de Movimento, Gomes-da-Silva (2011; 2012b) analisa a movimentação em diferentes jogos como uma prática de linguagem. Nessa investigação do comportamento comunicativo, desvelou que a linguagem do jogo é semelhante à linguagem dos sonhos e da poesia. Uma linguagem de decifração deslizante e mobilizada por cargas afetivas. Portanto, não totalmente dada a dicionários ou gramáticas. A semelhança com a linguagem poética e/ou onírica é porque no jogo a comunicação está tensionada e bordejada com o indizível. É uma linguagem polifônica, porque comporta "muitas vozes", criadas e recriadas conforme as circunstâncias. As "vozes" gestadas nos esportes coletivos com bola distinguem-se das que são pronunciadas na ioga, para dar um exemplo. As estratégias de ocupar o campo adversário no basquetebol e as de sustentar-se em um *asana* (postura) na ioga são produções sígnicas distintas.

Para Gomes-da-Silva (2007), em uma situação de jogo, há multiplicação de signos durante a comunicação, gerando uma produção de linguagem. Esta produção acontece em uma rede de interações dos participantes entre si e em relação ao ambiente.

Todavia, em vez de "rede", é preferível denominar "zona comunicativa", já que na situação de jogo tudo está em comunicação. Não há apenas transmissão de mensagens entre uns e outros, mas ambiência afetiva que coloca todos implicados na situação: "A comunicação envolve a todos e os ultrapassa, criando um ambiente de intersubjetividade.

Não é um provocando e o outro respondendo. Ambos se provocam e são provocados ao mesmo tempo" (Gomes-da-Silva, 2007, p. 74). No jogo de futsal, por exemplo, o marcador pode decodificar os gestos do adversário (posição, postura, feição) e assim antecipar a jogada, roubando-lhe a bola.

O jogo é campo da experiência perceptiva que favorece a aprendizagem de reinvenção do real. Ou seja, suas diferentes situações provocam a sensibilidade do jogador para reagir de modo criativo em busca do êxito, seja em uma situação de escalada, em que é preciso raciocinar rápido sobre em que garra apoiar os pés, seja na situação de uma luta de judô, por exemplo, em que necessito identificar qual golpe o adversário irá implementar, para poder surpreendê-lo. Quando está absorvido pelo jogo, o jogador age respondendo a estratégias táticas externas, apelos emocionais internos, recorre a hábitos e pensa logicamente (Gomes-da-Silva, 2007; Gomes-da-Silva; Cavalcanti; Hildebrandt, 2006).

Por outro lado, como apontam Azevedo e Betti (2014, p. 261), como o jogo está associado à liberdade, as expressões "brincar livremente" ou "jogo livre" são frequentemente interpretadas erroneamente por gestores educacionais e professores, que não percebem o valor educacional inerente ao lúdico, "por medo de parecerem estar se rendendo ao *laissez-faire*, ao 'brincar por brincar', ou consideram equivocadamente o 'livre' como desvinculado do mundo cultural".

Se o lúdico é elemento da cultura, como vimos em Huizinga (1996), quanto maior o número de jogos que levarmos para a escola, maiores serão as possibilidades de vivência cultural pelos aprendentes. Ao tempo que a vivência de muitos jogos possibilita a libertação da unidimensionalidade cultural. Ocorre que os aprendentes, em um primeiro momento, herdam vários jogos e brincadeiras da cultura lúdica infantil, mas, se pedagogizados pelo professor, podem passar a recriá-los. Do mesmo modo, podem conhecer e aprender novos jogos na escola, propostos pelo professor ou pelos colegas. Assim, os jogos herdados ensejam outros, que se integram aos anteriores, reconstruindo e concedendo dinamismo à cultura, dentro e fora da escola.

Para Freire (2002), no jogo construímos muitas de nossas capacidades humanas, como a imaginação, fundamental no desenvolvimento intelectual infantil. Mas isso não é valorizado pela escola tradicional, preocupada muito mais com o letramento, esquecendo-se de que aprender a ler, escrever e lidar com as operações matemáticas associam-se a outras competências, como simbolizar, ser capaz de realizar assimilações deformantes, conforme Piaget, quando "A" é tratado como "B" (analogias). Além disso, as capacidades de socializar-se, assumir regras como que suas, exercer a liberdade e a maturidade emocional para ganhar ou perder, são operações intrinsicamente ligadas ao jogo.

Ademais, não fazemos distinção entre jogos educativos e não educativos. O "educativo" do jogo está estabelecido no objetivo pedagógico do professor. Consideremos um jogo de cartas, convencionalmente associado a situações "não educativas". Ele pode tornar-se "educativo" se o professor lhe der um trato pedagógico; por exemplo, no ensino de teoria das probabilidades. De modo que, quando um professor trabalha um jogo sem objetivo norteador para tratar o conhecimento, os aprendentes aprendem, mas o professor não ensina. Aprendem porque o jogo ensina por ele mesmo.

Como diz Freire (2002, p. 85), "o jogo tem um caráter educativo por si só, sem que tenha de estar a serviço de algum procedimento pedagógico". Mas aí se perde a oportunidade de avançar, de aprender mais, de aprender com maior complexidade, de aprender coisas que apenas estão apontadas no jogo, que estão implícitas, cabendo ao professor explicitá-las, desafiando os aprendentes para novas aprendizagens.

Ratificamos então nosso entendimento de que jogo e aprendizagem caminham juntos. Daí privilegiarmos o jogo como o mais adequado procedimento de ensino no 1º ciclo do Ensino Fundamental. Reafirmarmos aqui: na Educação Física o jogo é conteúdo e estratégia ao mesmo tempo. A aula deve desenvolver-se por meio de jogos, produzindo alegria para quem ensina e para quem aprende.

Todavia, no jogo há também tensão e esforço; pode ocorrer frustração, desprazer, conflitos interpessoais. Quando estamos aprendendo um novo jogo, é preciso esforço, repetição, tentativa e erro. Desentendimentos quanto à aplicação das regras podem gerar conflitos entre os participantes. Vigotski (1984) lembra-nos de que o jogo pode às vezes não apresentar o resultado esperado, tornando-se assim um desprazer para a criança.

Como ensina Huizinga (1996, p. 21), a alegria indissoluvelmente ligada ao jogo pode transformar-se em tensão: "Uma criança estendendo a mão para um brinquedo, um gatinho brincando com um novelo, uma garotinha jogando bola, todos eles procuram conseguir alguma coisa difícil, ganhar, acabar com uma tensão". É justamente este elemento de tensão, decorrente da incerteza e do acaso que permeia o jogo, que lhe confere um caráter ético, e, portanto, educativo, pois põe à prova as qualidades do jogador: "Porque, apesar de seu ardente desejo de ganhar, deve sempre obedecer às regras do jogo" (Huizinga, 1996, p. 21).

Portanto, estamos aqui tratando do jogo como um fenômeno cultural amplo, como condição existencial, modo de habitar o mundo, e não apenas para designar de modo exclusivo brincadeiras e jogos específicos, como, por exemplo, o "jogo da amarelinha", ou a brincadeira de "esconde-esconde".

No capítulo seguinte, prosseguiremos nossa compreensão da centralidade do jogo no conjunto dos conteúdos da Educação Física.

II

Vamos conversar sobre os princípios didático-pedagógicos e conteúdos da Educação Física

Neste capítulo, levando em consideração a centralidade do jogo, os conteúdos de que trata a Educação Física serão explicitados e exemplificados, antecedidos porém pelos princípios didático-pedagógicos que devem orientá-los no trabalho pedagógico da Educação Física. Sãos os princípios da Diversidade, Inclusão, Adequação aos Aprendentes e Dialogicidade.

1. Princípios Didático-Pedagógicos da Educação Física

A palavra "princípio", além de denotar "começo" ou "início" de algo, também se refere a um ditame moral, lei ou preceito; a uma "proposição elementar e fundamental que serve de base a uma ordem de conhecimentos" (Houaiss, 2009). Os princípios didático-pedagógicos são também princípios axiológicos, referem-se a valores que escolhemos. São preceitos ou proposições que devem orientar os processos de ensino, e por serem princípios valorativos, deles não se poder abrir mão, sob pena de incoerência, de incorrer no erro de "falar uma coisa e fazer outra", inaceitável para um educador.

> "Axio-", do grego 'áksios': "ponderável, valioso; digno, que merece" (Houaiss, 2009)

1.1. Princípio da Diversidade

Os conteúdos ou temas da Educação Física contemplam Situações de Movimento diversificadas, em constante mudança na dinâmica cultural, dentro e fora da escola: é o Princípio da Diversidade. Visa garantir que, ao longo da escolarização, os aprendentes tenham o maior número possível de experiências corporais e oportunidades de aprender *sobre* e *com* todos os conteúdos.

As aulas de Educação Física não podem apenas contemplar a prática do futebol, ou da "queimada", ou de alguns "joguinhos" escolhidos arbitrariamente pelo professor, sem estarem inseridos em um percurso de aprendizagem planejado, com intencionalidades pedagógicas explicitadas. A diversificação dos conteúdos leva também a aprendizagens mais diversificadas e complexas. Eventualmente, algumas aprendizagens poderão sobrepor-se em algum aspecto; por exemplo, as habilidades de deslocar-se no espaço, passar e receber uma bola, entre outros, poderão coincidir em vários jogos, mas também irão se diferenciar em função das intencionalidades e das situações de cada jogo.

1.2. Princípio da Inclusão

Nas Situações de Movimento propostas todos podem e devem participar: é o Princípio da Inclusão. Todos os aprendentes têm direito à aprendizagem. A Educação Física tem um longo histórico de exclusão dos "gordinhos", dos "descoordenados", das meninas no futebol; ou dos meninos em algumas danças. Por isso, o Princípio da Não Exclusão (Betti, 1994b) ou Inclusão (Betti, 1999; Brasil, 1998) tornou-se preocupação na área antes mesmo que a questão das pessoas com deficiências ganhasse relevância social entre nós. Os aprendentes não podem ser excluídos da aula de Educação Física como "castigo" por comportamento indisciplinado na sala de aula; não podem ser excluídos por serem portadores de alguma deficiência física ou sensorial; ou por serem obesos, e assim por diante.

VAMOS CONVERSAR SOBRE OS PRINCÍPIOS DIDÁTICO-PEDAGÓGICOS E CONTEÚDOS DA EDUCAÇÃO FÍSICA

Então, professora, professor, ao planejar as Situações de Movimento, você precisa pensar em todos os aprendentes, e questionar-se: "Todos estão tendo oportunidade de participar e aprender, mesmo com alguma dificuldade inerente à sua condição singular?" Por exemplo, se há um deficiente visual na turma, designe ou peça que algum colega se voluntarie para auxiliá-lo, e, de outra parte, proponha Situações de Movimento em que todos tenham que participar com os olhos vendados, para vivenciarem a situação de deficiência visual e assim compreenderem melhor o contexto existencial do colega.

O mesmo pode ser dito dos "cadeirantes"; planeje Situações de Movimento que lhes permitam plena participação, por si só ou com ajuda de um colega, o qual pode, por exemplo, "dirigir" a cadeira de rodas em um jogo de "pegador".

Ainda há outra condição que pode dificultar a inclusão: o gênero. Há práticas corporais cujas representações sociais estão associadas ao gênero feminino (por exemplo, dançar, rebolar...), e outros ao masculino (por exemplo, jogar futebol, lutar...). É preciso que você, professor e professora, articule Situações de Movimento que não reforcem os estereótipos; que, ao contrário, estimulem a participação e interação de meninos e meninas.

Outra recomendação é evitar os jogos que levam à eliminação dos que "perderam" ou erraram a ação ou gesto que deveria ser realizado (por exemplo, na bem conhecida "dança das cadeiras": quem não ocupa uma cadeira a tempo vai sendo excluído do jogo). Porque, desse modo, exatamente os que mais precisariam aprender são excluídos prematuramente.

A maior parte desses jogos pode ser adaptada mediante mudanças de regras que lhes dão outra dinâmica. Por exemplo, no baleado ou queimada tradicional, o aprendente que é "queimado" (atingido pela bola), vai para o "cemitério", onde fica excluído do jogo. Uma variação simples (a chamada "queimada dos quatro cantos") evita esta exclusão: quem for queimado, vai para um dos cantos da quadra, e pode receber a bola dos colegas para queimar os adversários; a cada jogador queimado, faz-se um rodízio entre os quatro jogadores que estão nos cantos, e o primeiro deles volta ao campo de jogo.

VAMOS CONVERSAR SOBRE OS PRINCÍPIOS DIDÁTICO-PEDAGÓGICOS E CONTEÚDOS DA EDUCAÇÃO FÍSICA

1.3. PRINCÍPIO DA ADEQUAÇÃO AOS APRENDENTES

Este é um princípio que certamente você, professora ou professor, conhece bem, mesmo que com outra denominação, já que é bastante claro o fato de que os aprendentes não são todos iguais, apresentam características individuais; ou seja, são seres singulares. Na Educação Física, fala-se em "princípio da individualidade biológica" (derivado da teoria do treinamento físico ou esportivo), ou, em outra perspectiva, em "adequação às possibilidades sociocognoscitivas do aluno" (Coletivo de Autores, 1992, p. 121).

É comum ouvirmos professores dizerem: hoje a aula "deu certo", "foi boa". O que isso significa? Em geral, que os alunos participaram das atividades com entusiasmo e alegria, que conseguiram bom desempenho. Mas nem sempre isso basta, pois pode significar que apenas demonstraram o que já sabiam, não aprenderam algo novo. Não queremos dizer que a realização de atividades que os aprendentes já dominem não deva acontecer; ao contrário, ocorre, nesse caso, uma sedimentação da aprendizagem. Mas, quando se introduz uma atividade nova, ou uma variação mais complexa de um jogo já conhecido, esperam-se novas aprendizagens, e o princípio geral a seguir é: "nem muito fácil, nem muito difícil".

Essa recomendação possui relação com a concepção de desenvolvimento de Vigotski (1984; 1987), para quem o desenvolvimento humano resulta da interação do indivíduo com o meio social, e todas as funções psicológicas superiores resultam da reconstrução interna de uma atividade social que é partilhada entre crianças e adultos. Portanto, o desenvolvimento forma um par dialético com a aprendizagem. Para o autor, o desenvolvimento humano se expressa em níveis: atual ou real, e potencial.

Quando uma criança (poderíamos aqui dizer, um aprendente) consegue resolver autonomamente certo conjunto de atividades, isso é indicativo de seu desenvolvimento real, de ciclos de desenvolvimento que já completou, quer dizer, "refere-se às funções psicológicas que a criança já construiu até determinado momento" (Zanella, 1994, p. 98). O nível de desenvolvimento real acompanha dialeticamente os movimentos do processo de aprendizagem; é dinâmico, portanto.

Quando o aprendente não consegue realizar certo conjunto de atividades sozinho, mas é capaz de fazê-lo quando um adulto ou um colega mais capaz lhe propicia orientações adequadas, tem-se aí o indicativo do nível de desenvolvimento potencial, bastante interessante do ponto de vista pedagógico, pois se trata de uma prospecção, refere-se ao futuro. Então, a dinâmica da aprendizagem, ao gerar desenvolvimento real, gera também habilidades em nível menos elaborado, e que poderão amadurecer futuramente (Zanella, 1994).

O conhecido conceito de "zona de desenvolvimento proximal" de Vigotski (1984, p. 97) é exatamente esta distância entre o desenvolvimento real e o desenvolvimento potencial: "[...] define aquelas funções que ainda não amadureceram, mas que estão em processo de maturação, funções que amadurecerão, mas que estão, presentemente, em estado embrionário". Observe-se então que a zona de desenvolvimento proximal não é um nível adicional de desenvolvimento, mas um campo intermediário, a região dinâmica que permite a transição do funcionamento interpsicológico (atividade social partilhada) para o funcionamento intrapsicológico, assim como permite inferir o desenvolvimento potencial de cada aprendente, possibilitando desse modo alguma individualização nos processos de ensino-aprendizagem (Zanella, 1994).

1.4. Princípio da Dialogicidade

Compreendemos a Educação Física como essencialmente vivencial, pois os jogos devem ser vividos antes de serem objeto de discussão e reflexão. De modo que, primeiro, vivenciam-se e depois dão-se palavras ao vivido. Trata-se exatamente de "viver a experiência" nos termos concebidos pela semiótica peirceana, conforme tratamos no capítulo anterior. Agora, indo adiante, esse vivenciamento é empático, como diria Bakhtin (2011), pois se trata de uma conexão afetiva e intuitiva do professor para com os aprendentes, e vice-versa.

Como o princípio é o diálogo, as Situações de Movimento são entendidas como processos de comunicação entre os aprendentes e destes com o professor, nos quais estão contemplados os interesses e capacidades do grupo, além do envolvimento e da identificação de uns com os outros e com os conteúdos e temas propostos nas aulas. E como o próprio percurso das aulas que se sucedem pode ser concebido como um processo comunicativo, os momentos finais das aulas devem ensejar as próximas, para que haja esse comunicar-se dialógico e polifônico, em que se orquestram os interesses e capacidades de cada um e do grupo.

A dialogicidade é fomentada quando o professor formula e apresenta, de modo simples e direto, perguntas aos aprendentes, quando semeia reflexões a partir do vivido, estimulando-os a fazer o mesmo por eles próprios. A aula não é produção unilateral, mas de dupla autoria (professor e aprendentes) para que, nesse ato bilateral, construtor de sentidos, ambos sejam responsáveis pelas dinâmicas de ensino e aprendizagem.

A dialogicidade está imbuída de respeito pelo outro, em sua dignidade como pessoa individual e coletiva. Por isso, o princípio da dialogicidade aplica-se a todas as relações que se travam no ambiente escolar: entre os próprios alunos, destes com os demais profissionais da escola (gestores, merendeiras, inspetores, coletivo dos professores, entre outros), bem como para com o patrimônio da escola (salas de aula, banheiros, materiais didático-pedagógicos, entre outros).

2. Conteúdos da Educação Física

Prosseguindo em nossa compreensão do que se ensina na Educação Física, entendemos que os conteúdos são dinâmicos, constantemente significados e ressignificados pelos sujeitos que os concretizam em práticas corporais singulares. Porque "o" conteúdo é uma abstração: uma modalidade de luta, um jogo específico, certo estilo de dança, somente se concretiza quando um sujeito dotado de carne e osso, luta, joga, dança...

Enfim, quando estabelece uma relação singular e contextualizada em certa Situação de Movimento.

Em nossa compreensão pedagógica, os conteúdos e modos de ensinar Educação Física precisam ser continuamente atualizados, sob pena de fracassarem se não mais produzirem aprendizagens significativas. Daí porque propomos a aula de Educação Física como um espaço/tempo estruturado para o jogo. Um espaço coletivo e cultural, que não inicia ou finaliza com a aula isoladamente, mas que considera a educação lúdica do homem. Trata-se de um espaço político-educativo de promoção do humano que favoreça vivências integradoras, estimulando a curiosidade, criatividade, sensorialidade, sensibilidade e criticidade.

O discurso pedagógico atualmente hegemônico considera o jogo como conteúdo autônomo da Educação Física, ao lado do esporte, da ginástica, da dança e da luta. Diferentemente, para nós, estes são enunciados ou narrativas socioculturais do jogo. Metaforicamente falando, é como se o jogo, aqui entendido como um fenômeno humano e cultural amplo, atraísse os conteúdos ou temas contemplados na tradição da Educação Física, conforme representado na Figura 2.

Figura 2. O jogo como atrator dos conteúdos da Educação Física

Fonte: Elaboração própria

É nesse entendimento da Educação Física como prática de linguagem e do jogo como gerador de Situações (lúdicas) de Movimento, que propomos os conteúdos da Educação Física a partir da Pedagogia da Corporeidade já anunciada embrionariamente por Gomes-da-Silva (1997), e pela abordagem da aplicação da Semiótica à Educação Física iniciada por Betti (1994a).

Os jogos são tomados aqui como estruturas de conversação (como processos comunicacionais, portanto), já que em todos eles os jogadores estão sempre se pondo em diálogo, seja consigo mesmo, seja com o meio, seja com outro jogador. Esta é uma classificação quanto à forma do diálogo condicionada pela estrutura de funcionamento do jogo.

Conjuntamente, classificamos os jogos por seu conteúdo/temática e objetivo, como gêneros da cultura lúdica ou do acervo lúdico de um povo, e assim construímos uma taxionomia do jogo, por compreendê-lo como uma obra de arte. Assim como há diferentes gêneros no cinema (drama, comédia...), na literatura (épico, dramático...) ou na música (samba, forró...), há também no jogo. Senão vejamos a seguir.

Os jogos são narrativas, contam uma história que se desenvolve com início, meio e fim, de acordo com as circunstâncias e condicionamentos, escolhas, decisões e ações dos jogadores. Cada gênero está marcado por uma configuração espacial e social, por um modo de ocupar um espaço e uma tendência a regular condutas. Em torno de cada gênero gravita um tema central que possui uma concepção de indivíduo, ao prever um tipo de relação afetiva (no sentido de "afetar") entre os jogadores com os espaços e os objetos do jogo. Por isso resolvemos propor uma taxionomia que valoriza os objetivos educativos e as temáticas, composta por treze gêneros.

Desse modo, as estruturas de funcionamento, diferentes em cada gênero, determinam diferentes comportamentos comunicativos entre os protagonistas do jogo, bem como os interativos em relação ao meio ambiente em que acontecem, implicando, portanto, diferentes Situações

(Lúdicas) de Movimento, objeto da Educação Física em nossa proposição. A seguir, estão os gêneros de jogos que propomos em nossa taxionomia:

1) Jogos sensoriais;
2) Jogos ambientais;
3) Jogos de (des)construção;
4) Jogos simbólicos;
5) Jogos rítmicos;
6) Jogos de exercícios;
7) Jogos de luta;
8) Jogos integrativos;
9) Jogos de invasão;
10) Jogos de rebatida;
11) Jogos de marca;
12) Jogos de precisão;
13) Jogos de raciocínio.

Então, por exemplo, os Jogos integrativos envolvem conversação do jogador consigo mesmo; os Jogos sensoriais com o meio; os Jogos de invasão com outros jogadores. Todavia, essas estruturas de conversação não são estanques ou exclusivas de outro gênero de jogo. Elas podem ocorrer simultaneamente, ou com ênfase especial em determinado tipo.

Por exemplo, a "corrida da argolinha", oriundo de um jogo tradicional da cultura sertaneja nordestina, caracteriza-se como um Jogo simbólico (conversação do jogador consigo mesmo), mas a conversação também acontece com os outros jogadores e com o meio (cavalo de pau). Ademais, envolve também uma conversação mais ampla com a dimensão sociocultural, tendo em vista que é um jogo contextualizado na cultura popular regional do Nordeste, podendo também constituir material para um estudo interdisciplinar.

Corrida da argolinha sobre cavalo de pau

A turma é dividida em duas colunas, cada equipe representando uma cor (por exemplo, azul e vermelho). Os aprendentes, montados em cavalinhos de pau, os quais podem ser construídos pelas próprias crianças, com cabos de vassoura usando cartolinas para o rosto do cavalo, devem correr e retirar com a ponta de suas pequenas "lanças" (confeccionadas também com madeira) as argolinhas que estão presas em uma corda a cerca de 1,5 metro de altura por meio de fitas coloridas, correspondentes às cores das equipes (em torno de dez argolinhas para cada cor). A partir da ordem de largada, os dois primeiros participantes de cada equipe correm em disparada ("galopam") para tentar desprender uma argolinha da sua respectiva cor; em seguida, a próxima dupla, e assim por diante, até que todos os aprendentes tenham feito a sua tentativa. Vence a equipe que conseguir retirar mais argolinhas da corda.

Você compreenderá mais adiante, professor e professora, que a "corrida da argolinha", além de Jogo simbólico, possui também elementos dos Jogos de precisão e dos Jogos de marca, o que é um exemplo de que a taxionomia que propomos não gera categorias estanques, isoladas. Isso porque destacamos as propriedades intrínsecas de cada gênero de jogo, associadas às suas estruturas e lógicas internas, as quais orientam o cultivo e a ampliação das possibilidades de movimento dos aprendentes e, portanto, da reconfiguração da própria corporeidade. Mas consideramos igualmente os sentidos e valores culturais, pois os jogos habitam em contextos sociais, e possibilitam aprendizagens desta ordem. Isso lhes confere um valor educativo extraordinário.

A Figura 3, a seguir, consolida nosso entendimento dos treze gêneros de jogos como criadores das Situações de Movimento que se apresentam nas aulas de Educação Física.

Figura 3. Os gêneros de jogos e as Situações de Movimento na Educação Física

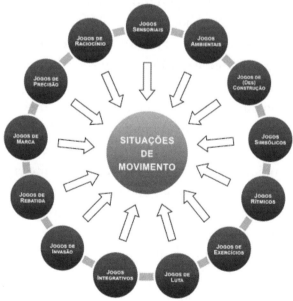

Fonte: Elaboração própria.

A nomenclatura que adotamos não é novidade, pois já vem sendo utilizada há algum tempo na Educação Física e outras áreas. Jogos de exercício e simbólicos tomamos de empréstimo a Piaget (1978), ao descrever os modos de assimilação da realidade. Jogos de invasão, de marca, precisão e rebatida já estão presentes na pedagogia do esporte, desde a proposição do *Teaching Games for Understanding* (TGFU) – Ensino de Jogos para Compreensão, o qual sugere para o planejamento de ensino a seleção dos jogos de modo a levar à compreensão dos seus funcionamentos, conforme Thorpe, Bunker e Almond (1984) e Bunker e Thorpe (1982,1986). O termo Jogos integrativos inspirou-se no Sistema Único de Saúde (SUS) brasileiro, e contempla a medicina complementar e integrativa. Jogos de luta é denominação já amplamente contida na literatura da Educação Física. Jogos de construção (Brougère, 1994), Jogos rítmicos, Jogos ambientais (Baldin *et al.*, 2011) e Jogos sensoriais (Silva, 2005; Civitate, 2005) são menos usuais, mas também já começam a se fazer presentes na literatura especializada da educação em geral e da Educação Física em particular. Jogos de raciocínio (também denominados jogos de lógica), são aqueles que se desenvolvem a partir dos suportes de tabuleiro (xadrez, gamão etc.) e eletrônicos (*games*), caracterizados por suas plataformas físicas ou virtuais.

Se a terminologia não é nova, inovadora é a articulação dos gêneros de jogos em uma proposição didático-pedagógico para a Educação Física escolar pautada pela Semiótica e pela Pedagogia da Corporeidade. Vale destacar que não propomos a taxionomia dos jogos como uma estrutura "fria" e autônoma, que se opõe ou ignora os sujeitos da aprendizagem. Ao contrário, já que para nós, repetimos, os jogos são tomados como conversação, como processos comunicacionais, suas diferentes estruturas despertam diferentes afetações nos aprendentes, em relação a eles mesmos, ao meio e aos outros, possibilitando aprendizagens diferenciadas e crescentemente complexas. Em suma, jogar é sempre em *situação*, na circunstância existencial dos sujeitos que jogam, condicionada, porém, pelas estruturas de cada gênero de jogo.

Além disso, todos esses gêneros de jogos devem, na medida do possível, ser contemplados no conjunto das Situações de Movimento propostas (trata-se aí do Princípio da Diversidade), e serem concretizados nas aulas tendo como referências o Princípio da Inclusão, pois nos jogos propostos todos podem e devem participar; o Princípio da Adequação aos Aprendentes, pois cada um deles é único, singular; e o Princípio da Dialogicidade que deve caracterizar as relações entre todos os envolvidos nos processos escolares, bem como as relações do professor e aprendentes com os próprios conteúdos.

A seguir, vamos explicar um pouco mais sobre cada um dos gêneros de jogos, bem como exemplificá-los.

2.1 Jogos sensoriais

O objetivo é favorecer aos aprendentes o aguçamento dos sentidos gustativo, auditivo, tátil, olfativo e/ou visual. As experimentações desses jogos vão fornecer a melhoria da percepção, já que esta depende dos órgãos responsáveis pelos sentidos. Mas sentidos e meio ambiente não são instâncias isoladas: é pelos sentidos que estendemos nosso corpo, assimilando o meio. Por meio deles, monitoramos e interagimos com o meio como um atributo vital para a sobrevivência (Soares *et al.*, 2015).

De acordo com a Teoria Ecológica da Percepção, formulada pelo psicólogo James J. Gibson, os órgãos sensórios não são apenas canais de sensações, receptores passivos que respondem, mas sistemas perceptivos complexos que fornecem ao organismo informações contínuas e estáveis para tornar a vida adaptável (Gibson, 1987). Por meio da percepção, podemos dar significação ao que nos rodeia, visto que a captação da informação está relacionada com o conhecimento. A experiência sensorial resulta da exploração sinestésica, quer dizer, combinação de sensações diferentes, dando percepção interpretativa de si no espaço. A percepção, na perspectiva gibsoniana, não se encontra no cérebro ou na mente, ela é ecológica, porque existe na interação recíproca entre o agente e o ambiente.

A seguir, apresentamos alguns exemplos de jogos relacionados ao aguçamento auditivo, gustativo, tátil, olfativo e visual.

> Estes jogos sensoriais têm sido objeto de desenvolvimento e pesquisa no Laboratório de Estudos e Pesquisas em Corporeidade, Cultura e Educação (Lepec) da Universidade Federal da Paraíba (UFPB).

Aguçamento auditivo

Jogo da cabra-cega

Um dos participantes de olhos vendados procura segurar os outros, guiando-se pelo som das vozes daqueles que cantam e o chamam ao seu redor, provocando-o.

Jogos de sons

O professor ou um aprendente emite um som às escondidas, e a turma busca identificar esse ruído, seja produzido pelo corpo (palmas), seja por utensílios domésticos (panela), seja por instrumentos musicais (reco-reco), seja pela imitação de sons produzidos por um trem, seja pelos freios de um carro, seja por animais, seja belo barulho da chuva caindo. Sugerimos que se trabalhe a percepção de cada uma dessas categorias a partir dos indicadores de localização sonora, memória sequencial e volume sonoro. Por exemplo, pode-se utilizar em uma aula os apitos que imitam sons de aves (inhambu, açu, rolinha, jacutinga, marreco, entre outros exemplos), até que os aprendentes consigam identificar as diferentes aves. Então, na aula seguinte, realizam-se jogos em que os aprendentes, divididos em pequenos grupos, buscam deslocar-se ao encontro do som específico de sua ave.

Aguçamento gustativo

Jogo do banquete cego

Tem por objetivo aguçar o paladar. Desafiam-se os aprendentes, que estão com os olhos vendados, a identificarem o sabor e a intensidade dos alimentos (azedo, doce, amargo e salgado). Cada aula pode ser dedicada a um sabor diferente, e com isso obtém-se uma ampliação não só na percepção, mas também na preferência alimentar.

Aguçamento tátil

Jogo do passa anel

A turma posiciona-se em círculo, tendo cada aprendente com as mãos em forma de concha, e a(o) "dona(o) do anel" vai passando sua mão dentro das mãos dos demais. Essa pessoa escolhe um colega, em cuja mão solta o anel de forma discreta. Após terminar a sequência, pergunta a outro escolhido: "Com quem está o anel?" Se acertar, esse será o novo dono do anel; caso contrário, continua perguntando, até obter a resposta correta.

Aguçamento visual

É a percepção mais utilizada nas aulas de Educação Física. A maioria dos jogos necessita de uma noção espacial para acontecer, desde um jogo esportivo de quadra como o futsal, em que se move com determinadas funções e estratégias de ocupação e invasão do espaço, até os jogos de pontaria, como o tiro ao alvo, nos quais os jogadores necessitam divisar seus alvos. Entre as muitas possibilidades dos jogos visuais apresentamos alguns daqueles que envolvem as cores, nas suas três propriedades (matiz, saturação e brilho):

✔ A diferenciação das tonalidades ou dos matizes, quando o professor solicita a distinção entre cores; por exemplo, os aprendentes correm pelo espaço, quando o professor apresentar um cartão de cor verde, devem correr mais, e quando o cartão for vermelho, interromper a corrida (variar as cores de tempos em tempos).

> ✔ A distinção da saturação ou intensidade das cores, quando o professor solicita que acertem em pinos de boliche (que podem ser improvisados com garrafas PET) dispostos no chão, com as cores mais intensas, mais vivas, ou que acertem nos pinos menos saturados, que apresentam uma cor mais pálida;
>
> ✔ A discriminação dos objetos com mais ou menos brilho; por exemplo, quando brincamos de "jogo das sombras" e lançamos mais sombra sobre um objeto da mesma cor que outro. Nesse caso, os aprendentes devem identificar os objetos com o valor de mais obscuridade, porque eles se confundem no cenário com outros objetos, ao passo que os objetos com mais luz dão a sensação de contorno e continuidade.

Aguçamento olfativo

É a percepção que envolve experiências aromáticas. Trata-se de jogos para identificação dos odores primários: floral, mentolado, picante e pútrido.

Jogo da caixa mágica

Uma caixa de papelão ornada com papel colorido brilhante e com colagens de figuras representativas do olfato (nariz, animais cheirando flores...) representará uma espécie de palco. Um fantoche, a princípio manuseado pelo professor, convida os aprendentes a identificarem os aromas emanados de substâncias colocadas em recipientes. Por exemplo, para a categoria "floral", pode-se utilizar semente de jasmim e desodorante com aroma de flores; para a categoria "mentolado", óleo de eucalipto e creme dental; para categoria "picante", pó de café e vinagre; e para a categoria "pútrido", batata em processo de apodrecimento e enxofre no estado líquido. Os aprendentes que responderem corretamente sobre qual é o odor são convidados a manusear o fantoche e desafiar seus colegas.

VAMOS CONVERSAR SOBRE OS PRINCÍPIOS DIDÁTICO-PEDAGÓGICOS E CONTEÚDOS DA EDUCAÇÃO FÍSICA

2.2. Jogos ambientais

Buscam favorecer aos aprendentes a integração com a natureza, aprender a observar-se como parte do todo e sentir-se corresponsável pelo meio ambiente. São jogos que propõem a superação da dicotomia entre vida social e vida biológica, sociedade e natureza, porque estabelecem relações mútuas de interação e copertencimento.

Os Jogos ambientais são aqueles realizados em dependência do meio natural, para compreendê-lo como espaço relacional, no qual a presença humana aparece como agente pertencente à teia de relações de vida sociocultural e natural. São jogos cujo chamamento é com vistas à conscientização ecológica, à compreensão do meio em que estamos inseridos, como partícipes e corresponsáveis.

A ênfase desses jogos está na exterocepção, porque demandam dos aprendentes a comunicação com o meio ambiente, em uma espécie de decodificação das informações do meio para poder nele agir; daí porque podemos introduzir jogos que valorizem a capacidade de adaptar-se ao meio, respondendo a ele com a ampliação da configuração de movimentos. A seguir, sugerimos alguns jogos.

Jogos ambientais em diversos cenários

✔ Pequenas escaladas em paredes, desde que atendam às condições de suporte e segurança necessárias.
✔ Trilhas interpretativas (do tipo "caça ao tesouro").
✔ Atividade de "pegar jacaré" nas ondas do mar (desliza-se pela onda com o próprio corpo, após remada com os braços, para alcançar a velocidade da onda e deixar ser conduzido por ela).
✔ Surfe "sonrisal", com pranchinha de madeira, em manobras que podem ser feitas na praia, no espelho d'água formado à beira de um mar calmo.

Vamos conversar sobre os princípios didático-pedagógicos e conteúdos da Educação Física

> ✔ Empinar pipa (sugerimos o dia do "festival da pipa" na escola).
>
> ✔ Atividades com cata-ventos, confeccionados pelos próprios aprendentes (sugerimos um concurso para premiar o cata-vento que mais gira e para o mais colorido).

Outra sugestão, que está implícita nos exemplos dos Jogos ambientais, é que as aulas de Educação Física se realizem também nas areias das praias, em águas calmas de mares, lagoas (ou piscinas, quando houver possibilidade de acesso a elas), em bosques, parques públicos, ou mesmo em áreas da escola em que há gramado e vegetação. Com isso, aprende-se a respeitar e valorizar o meio ambiente natural, interagindo com ele em suas diversas possibilidades.

2.3. Jogos de (des)construção

São jogos que favorecem aos aprendentes a aquisição da noção de reversibilidade com os objetos e o próprio corpo. Facilitam a percepção de que os movimentos ou posturas corporais, bem como os objetos ou materiais, são passiveis de reversão; ou seja, que é possível construir, desconstruir e reconstruir mediante determinados processos, a partir das experiências de montar e desmontar, construir e descontruir, criar e recriar. De modo que a noção linear e progressiva do tempo é confrontada pela compreensão das possibilidades de recomeçar e recriar o mundo e a própria vida.

Nessa perspectiva, os Jogos de (des)construção aqui possuem três sentidos, que serão apresentados e exemplificados a seguir.

Primeiro, os Jogos de (des)construção têm a função de montar e desmontar, a exemplo dos jogos de quebra-cabeça ou armar barraca de *camping*, compostos por peças que se encaixam em determinado lugar, de determinado modo. Ou ainda montar figuras com novas disposições das peças, como, por exemplo, no jogo "cama de gato". Também nessa categoria estão os jogos de empilhar, a exemplo de formar uma pirâmide com tampinhas de garrafa PET ou montar casas com blocos, do tipo Lego® ou outro material que possibilite o mesmo efeito.

> **Cama de gato**
>
> É um jogo para duas pessoas, com o uso de um barbante que deve ser trançado de diferentes modos entre os dedos das duas mãos, de modo a alterar as figuras formadas.
>
>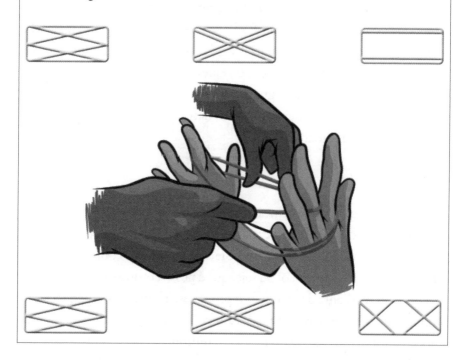

Segundo, a (des)construção tem a função de criar cenários. Por exemplo, jogos com areia: sejam pistas de corrida na areia para jogar "tampinha *cross*", sejam os desenhos no chão com as "casas" para jogar academia ou amarelinha. Ou o "jogo de areia" (*sandplay*), em que os aprendentes criam cenários no interior de uma caixa com areia, com a colocação de objetos em miniaturas ou pela manipulação da areia molhada. Outras possibilidades envolvem montar cenários em um tabuleiro de papelão ou madeira a partir de miniaturas, e também em cenários maiores, tais como construção de cabanas, "casas na árvore", grandes esculturas com areia ou com argila. Há ainda o "recortar-colar" na feitura de máscaras, na montagem de cenários (cavernas, florestas...), ou na construção de jogos de memória, feito a partir de imagens temáticas a serem exploradas pelo professor nas aulas.

Terceiro, a (des)construção tem também o sentido de construir brinquedos, de usar ou transformar determinados objetos ou materiais descartáveis em novos produtos, brinquedos ou engenhocas. Ao incluírem esses jogos, as aulas adquirem o caráter de "oficinas do brinquedo", a exemplo dos 24 brinquedos de construção sistematizados por Gomes--da-Silva (2013). Além da perna de pau, carrinhos de lata, pregobol, pipa e tantos outros, citamos aqui uma das muitas possibilidades de brinquedo – o bilboquê –, cujas orientações para construção e modo de brincar são descritos a seguir.

Bilboquê

Materiais:
1 garrafa PET de 2 litros
1 tesoura sem ponta
20 centímetros de barbante
1 bolinha de isopor
Cola
1 folha de papel de presente

Dicas para construção:
Com a tesoura, corte a garrafa PET ao meio, a parte utilizada será a do gargalo. Prenda a bolinha de isopor em uma das extremidades do barbante, fixe a outra extremidade do barbante na tampa da garrafa. Decore com papel de presente ou pinte com várias cores.

Como brincar:
Ponha a bola dentro do gargalo, arremessando a bolinha de dentro para fora, depois de fora para dentro; primeiro com a mão direita, depois com a esquerda.

Incluímos ainda nessa categoria os brinquedos produzidos por artesãos do brinquedo. Nesse sentido, sugerimos contatar artesãos locais que possam oferecer na escola oficinas de construção de brinquedos. Afinal, a capacidade do construir artesanal favorece múltiplas aprendizagens, a começar pela transmissão cultural resultante deste contato intergeracional.

2.4. Jogos simbólicos

O objetivo é favorecer aos aprendentes a ampliação da capacidade imaginativo-criativa, seja representando com o próprio corpo, ou projetando uma representação em algo ou com alguém. De modo que esse gênero pode ser subdividido em duas classes, tomando como referência o suporte: representação corporal e representação projetiva.

Os jogos de representação corporal são aqueles nos quais representamos papéis sociais (pai ou mãe em uma brincadeira de casinha, por exemplo) ou funções lúdicas (por exemplo, "polícia e ladrão"). Ou ainda quando personificamos animais ("lobo mau", por exemplo), objetos (brincadeira de "estátua"), ou mesmo uma circunstância (por exemplo, uma colisão de automóveis no trânsito). Também estão incluídas nesta categoria as personificações de seres imaginários, como dragões ou seres alienígenas.

Os jogos de representação de papéis sociais, para além de representar os personagens do cotidiano sociocultural, como familiares, super--heróis, profissões e artistas, também podem representar as expressões dos impulsos emocionais, tais como tristeza, alegria, medo e raiva. Ao assumir falas e trejeitos desses diferentes papéis, por meio de jogos de imitação, com ou sem o uso de fantasias e máscaras, as crianças desenvolvem um senso das relações sociais, do que são e do que poderiam ser.

Os jogos de representação de funções lúdicas são aqueles em que se assumem funções; por exemplo, jogos de criação de cenários imaginativos, como os jogos de casinha e jogo de mímicas ou ainda o jogo "corrida da argolinha com cavalo de pau" (já descrito anteriormente).

Os jogos de representação projetiva são todos aqueles em que o móvel (boneco ou outro objeto qualquer) representa um personagem. Por exemplo, o teatro de mamulengo, marionetes, fantoches, dedoches (pequenos fantoches que são colocados nos dedos), jogo das sombras, dobragens, ou ainda um objeto usual (por exemplo, tampinhas de garrafa PET representando carros em uma pista de corrida no "tampinha *cross*").

Jogo tampinha *cross*

As "pistas" podem ser desenhadas no chão com giz, ou marcadas na areia ou terra batida. Em cada pista, podem competir dois ou mais jogadores.

Em todas as categorias desses jogos simbólicos – ou imitação, ou teatralização ou dramatização – há pelo menos três possibilidades, conforme Japiassu (2000) e Spolin (2007):

1) Todos os participantes podem estar em representação; por exemplo, a brincadeira "Tá pronto, seu lobo?", um jogo de perseguição em que há um pegador (o lobo) e todos os demais são ovelhas. Não há plateia, todos estão contracenando simultaneamente.

2) Há os jogos com plateia; apenas um grupo atua e os demais observam. Como exemplo, estão os jogos em que um grupo faz a mímica

ou pantomima e o outro grupo observa a história contada, para em seguida fazer sua apresentação. Depois, invertem-se as funções, e os que encenavam passam a observar. Também há jogos em que apenas um aprendente atua, e os demais formam uma "plateia ativa" que se guia por ele, como no "Jogo dos contrários".

Jogo dos contrários

Deslocando-se pelo espaço, um aprendente é o guia que realiza movimentos, e os demais devem fazer o contrário: por exemplo, se anda ou corre para a frente, os demais devem correr ou andar para trás; se senta-se, ficam em pé, se corre para a direita, ou levanta o braço esquerdo, os demais executam gestos opostos. Cada um dos aprendentes deve passar pela experiência de ser o guia.

---

3) Jogos em que há apenas um personagem; por exemplo, um aprendente expressa-se com gestos para todos os demais, tentando comunicar uma mensagem (uma profissão, um sentimento, uma figura pública...), e o primeiro a decifrá-la será o próximo ator.

2.5. JOGOS RÍTMICOS

São jogos que envolvem mover-se em uma cadência rítmica ou ordenada no espaço e tempo, com a mediação de sons, músicas, cantigas, lemas ou versinhos. Favorecem tanto a tomada de consciência dos ritmos biológicos (respiração, batimentos cardíacos, assoviar...), quanto da variedade de ritmos presentes em sons diversos, em cantigas, modinhas, poesia, métricas, emboladas, repentes e marchinhas presentes na cultura musical.

Cada jogo busca criar condições para os aprendentes, de modo individual ou na interação em grupo, ampliarem seu universo sonoro, estabelecendo relação entre os diferentes sons, em coordenação com diferentes movimentos expressivos. O gênero dos Jogos rítmicos inclui as conhecidas brincadeiras de roda, adoletas, cirandas, pular cordas com cantigas, expressão livre ao ritmo da música, rodas cantadas, danças fol-clóricas regionais, criação de sons rítmicos com objetos sonoros, batalhas no *hip hop*, realizar movimentos em harmonia com a música, ou simples-mente jogos para produzir sons com o próprio corpo.

A seguir, vamos descrever alguns desses jogos.

Brincadeiras de roda

Escravos de Jó

Os aprendentes sentam-se em círculo, cada um de posse de uma peque-na pedra ou outro objeto pequeno, que será passado para o outro em uma coreografia de vaivém seguindo o ritmo da canção:

– Escravos de Jó
– Jogavam caxangá (os jogadores vão passando as pedras um para o outro do lado direito, de forma que cada jogador fique sempre com uma pedrinha só).
– Tira (cada um levanta a pedra que está em suas mãos).
– Põe (colocam a pedra de novo no chão).
– Deixa ficar (apontam com o dedo para a pedra no chão).
– Guerreiros com guerreiros (voltam a passar a pedra para a direita).
– Fazem zigue (colocam a pedra na frente do jogador à direita, mas não soltam).
– Zigue (colocam a pedra à frente do jogador à esquerda, mas não soltam).
– Zá! (colocam a pedra à frente do jogador à direita novamente).
Repetir a sequência.

Variações:
Pode-se repetir a coreografia com os participantes em pé; no lugar da pedra, eles devem movimentar os próprios pés.

Brincadeiras cantadas em versos

Boca de forno
A turma escolhe quem será o mestre e este propõe os desafios. As ordens podem ser as mais diversas, desde tocar com as mãos um objeto de certa cor até ficar de ponta-cabeça. O último a cumprir a prova ou não conseguir, paga um prenda, definida pelo grupo (por exemplo, cantar uma música, fa-zer caretas). Os versos são estes:

Mestre: Boca de Forno.
Grupo: Forno!
M – Jacarandá.
G– Já!
M– Quando eu mandar.
G– Vou!
M– E se não for?
G– Apanha!

A seguir, o professor lança o desafio ao grupo.

Pular corda(s) com cantigas

Pular corda ao ritmo da cantiga:

Um homem bateu em minha porta e eu abri
Senhoras e senhores, ponham a mão no chão.
Senhoras e senhores, pulem num pé só.
Senhoras e senhores, deem uma rodadinha.
E vão pro olho da rua...

Brincadeiras com palmas (Adoletas)

Em duplas, os aprendentes cantam e brincam com as mãos fazendo movimentos sequenciais e sincronizados. A cada verso, uma mão vai para baixo, enquanto a outra vai para cima. Depois, as mãos estendidas para frente batem nas palmas do colega e, finalmente, bate-se palmas. Se errar, pode parar e recomeçar. As palmas seguem o ritmo da silabação da cantiga. Por exemplo:

A-do-le-tá:
Le peti
Tole, tolá
Le café
Com chocolá
A-do-le-tá
Puxa o rabo do tatu
Quem saiu foi
Tu!

Pode-se depois dificultar a brincadeira, incluindo outros gestos e/ou aumentando a velocidade, e também coordenando os gestos de duas duplas simultaneamente, posicionadas de modo perpendicular uma em relação à outra.

Também pode ser realizadas com a turma posicionada em círculo, em pé ou sentados, com as mãos dadas. Bater a palma da mão direita sobre a palma da mão direita do integrante à esquerda (que a apresenta para receber a palma), o qual, por sua vez deverá bater na palma do participante seguinte, e assim por diante. Assim que cada um completa o gesto, volta a dar a mão ao colega à sua direita.

Criação de sequências rítmicas com objetos sonoros

Criação de sequências rítmicas com instrumentos musicais de percussão (por exemplo, afoxé, agogô, reco-reco, atabaque), com objetos domésticos (por exemplo, panelas, garrafas de vidro com água, molho de chaves) ou mesmo com o próprio corpo, com o objetivo de formar "bandinhas".

Danças folclóricas brasileiras

Sugerimos que os aprendentes, ao longo do 1º ao 5º ano, conheçam e bailem uma ou mais danças folclóricas de cada região do País:

Região Centro-Oeste: caninha verde, siriri
Região Nordeste: araruna, coco de roda, dança do camaleão, frevo, ciranda, xaxado
Região Norte: carimbó
Região Sudeste: caranguejo, pilar café, tira o chapéu, catira
Região Sul: pezinho, balaio, xote carreirinha

2.6. Jogos de exercícios

São jogos que envolvem atividades essencialmente sinestésicas e de equilíbrio dinâmico, em que se exercitam as relações causais, experimentando as próprias possibilidades corporais, bem como na instrumentação de objetos. Incluem alguns elementos e gestos típicos das ginásticas geral, rítmica e artística (rolamentos, parada de mãos, estrela) e de algumas práticas circenses, como malabares, equilibrismo e acrobacias. O ponto alto está na execução em si, sem finalidade utilitária imediata, por isso é jogo.

São jogos que não se submetem a regras rígidas e preestabelecidas; "joga-se" com o enfrentamento dos próprios limites corporais, desafios que se colocam para si próprio. Incluem movimentos realizados individualmente, como pular, correr, balançar-se, subir e descer, equilibrar objetos e (des)equilibrar-se. Contemplam duas vertentes: jogos que exigem competências crescentes, com o uso cada vez mais elevado das capacidades físicas (força, equilíbrio, flexibilidade, entre outros) e das habilidades motoras; e outra, bem diferente, com aqueles jogos de exercício que levam ao desequilíbrio e à vertigem. Apresentamos exemplos desses jogos a seguir.

Jogos de exercícios

Balançar-se

Em cordas ou balanços montados nas árvores ou outras estruturas.

Escorregar

Em escorregadores de madeira ou metal, ou ainda em superfícies lisas e molhadas com água.

Girar

Duas pessoas de mãos dadas, firmemente seguras, pés juntos e próximos, giram até ficarem tontas e depois tentam correr em um caminho preestabelecido. Ou duas pessoas girando outra que está ao centro; depois de vários giros a soltam para que chute uma bola, por exemplo.

Subir e descer em cordas

Para subir é preciso segurar firme a corda com as duas mãos, braços estendidos, e manter os pés enganchados na corda; em seguida, dobrar as pernas e flexionar os joelhos em direção aos cotovelos, fixando os pés em torno da corda e puxando a parte superior do corpo em direção à corda, mão sobre mão, até chegar ao topo ou à altura que cada aprendente consiga. Em seguida, descer gradativamente, com os movimentos inversos.

Pular carniça ou pular sela

Os participantes saltam uns sobre os outros apoiando a mão sobre as costas dos jogadores agachados, ou seja, "selando" as costas do amigo. Há graus de dificuldades que podem ser estabelecidos: o tipo dos saltos e a altura em que estão posicionados os colegas que servem de obstáculo.

Realizar rolamentos no chão

No rolamento para frente, inicialmente, é necessário aprender a grupar-se: joelhos flexionados, coxa próxima ao tronco, pés próximos aos glúteos, cabeça flexionada com o queixo em direção ao peito. Apoiar as mãos um pouco à frente, na largura dos ombros, com os dedos voltados para frente. Desequilibrar-se para frente e impulsionar as pernas elevando os quadris, e rolar no solo mantendo sempre o corpo grupado (como se fosse uma bola).

No rolamento para trás, flexionar o pescoço para frente até encostar o queixo no peito; apoiar as mãos no solo ao lado das orelhas e na largura dos ombros. Impulsionar o corpo para trás e rolar no solo, sempre mantendo as pernas flexionadas junto ao peito. No final do movimento, "empurrar" o solo com as mãos, de modo a elevar a cabeça para que ela não bata no chão, bem como para não flexionar em demasia o pescoço.

"Plantar bananeira" ou parada de mão

O corpo, em posição invertida, é mantido tanto quanto possível em linha reta na posição vertical, de forma estável e equilibrado com o apoio das mãos no solo, as quais estão afastadas na largura dos ombros. Uma leve curvatura das pernas e das costas pode auxiliar no equilíbrio, em especial no início do processo de aprendizagem. Recomenda-se que o professor auxilie os aprendentes que tenham dificuldade, bem como oriente sobre como retornar da posição invertida à posição ereta normal.

Fazer "estrelinha"

O movimento inicia-se e termina olhando na mesma direção.

Realizar saltos

Saltar na horizontal e na vertical, aumentando gradativamente distância e altura, respectivamente.

Pular elástico

Dois participantes ficam em pé, frente a frente, e colocam o elástico em volta dos tornozelos, formando um retângulo. Uma terceira pessoa começa a pular, fazendo uma sequência de saltos, ora pulando para dentro, sobre e para fora do elástico. Em um grau maior de dificuldade, pode-se cruzar o elástico. Se acertar todos os movimentos, aumentar o grau de dificuldade, com o elástico subindo para o joelho, depois para a coxa, e depois para o quadril.

Equilibrar-se andando

Ande equilibrando-se sobre muretas de baixa altura, vigas de madeira ou banco sueco invertido.

Corda "falsa baiana"

Fixe as cordas em altura baixa, em pilastras ou árvores, verificando se suportam a sobrecarga. É recomendável que se ponham colchões de espuma (colchonetes) para amortecer possíveis quedas.

Pés de lata
Podem ser confeccionados pelos próprios alunos.

Perna de pau

Inicia-se a atividade aprendendo a subir e descer com ajuda de um colega ou do professor (ou sozinho, apoiando-se em uma parede). Em seguida, caminhe, lembrando-se de olhar para frente.

Manusear e equilibrar objetos

Podem ser usadas massas (da ginástica rítmica desportiva), bolas, arcos e bastões (que podem ser adaptados com garrafas PET, mangueiras flexíveis, cabos de vassoura) com diversas partes do corpo (cabeça, mão, dedo, coxa...), realizando gestos de lançar e recepcionar, girar, rotar, manter em equilíbrio, conduzir e balançar.

Outro exemplo é a "embaixadinha" com bola (exercício típico do futebol). Inicia-se segurando a bola em frente ao corpo, mais ou menos na altura do peito, e a seguir deixe-a cair em direção aos pés. Depois, impulsione a bola para cima com o pé, com força suficiente para ela atingir a altura da cintura, mantendo os joelhos levemente flexionados e o pé de apoio plantado firmemente no chão, sem perder de vista a bola.

Malabares

Inicie com pequenos pedaços de tecido (tule), de 0,50 x 0,50 metro, que são lançados e recepcionados de diversos modos (primeiro apenas um, depois dois e três tules), sem que caiam no chão. Podem ser feitos exercícios individuais, em duplas ou pequenos grupos. Depois, use bolas pequenas.

Figuras acrobáticas

Podem ser formadas em duplas, trios ou pequenos grupos. Sugerimos que sejam incluídas nas aulas a partir do 3º ano, começando pelas mais fáceis.

Pirâmide

Na pirâmide, a base deve ser formada pelos aprendentes maiores, que ficam de joelhos e mãos apoiadas no solo, os quais suportam os demais em número menor na mesma postura e assim sucessivamente, em uma montagem triangular. A desmontagem da pirâmide deve ser realizada em ordem reversa, tomando cuidado para não pisar os pés dos que estão na base. Sugerimos esta figura para as turmas mais avançadas, a partir do 4º ano.

> **Movimentar-se sobre rodas**
>
> Após aprender a equilibrar-se, desloque-se e faça manobras em carrinho de rolimã, patinete, *skate* ou patins, inicialmente em terrenos planos, depois, em terrenos com inclinação.

2.7. Jogos de luta

São jogos que envolvem a capacidade de defender-se ou proteger território, com estratégias de ataque e defesa, caracterizando-se na maior parte dos casos também pelo contato corporal, podendo envolver imobilização, expulsão e desequilíbrios. A partir de Olivier (2000) e Santos (2012) sugerimos jogos que tematizem o ataque e a defesa, por exemplo:

✔ **Jogos que requerem agarrar o adversário e mantê-lo preso;** por exemplo, o pegador "polícia e ladrão", com o objetivo de pegar os "ladrões" que fogem e aprisioná-los em determinado espaço. Uma variação possível, que torna o jogo mais complexo, é que os presos podem ser soltos pelos colegas, mediante um toque com a mão.

✔ **Jogos de conquista de objetos,** por exemplo, captura de lenços ou "rabos" (como a cauda de um animal), que podem ser tiras de papel ou tecido, presos nas roupas. Um pegador tenta retirar os objetos da roupa dos demais, o aprendente que tiver sua cauda capturada passa a ser também pegador.

✔ **Jogos de conquista de territórios;** por exemplo, empurrar um colega no chão até este sair do espaço delimitado, ou puxar os adversários para seu campo, como no "cabo de guerra".

Cabo de guerra

A turma é dividida em equipes que se opõem duas a duas, equilibradas em número e força de integrantes. O centro da corda deve ser marcado com um pedaço de pano ou fita de modo, posicionando-o sobre uma marcação no chão. Com os integrantes enfileirados ao longo da corda, cada equipe deverá puxar a sua metade da corda. Vence a primeira equipe que conseguir puxar pelo menos um dos adversários para a frente da linha central.

✔ **Jogos para desequilibrar**, por exemplo, a "briga de galo" realizada em meio líquido (mares, piscinas, lagos rasos) ou no solo. Em duplas, um aprendente sentado sobre os ombros do outro tenta empurrar e desequilibrar a dupla adversária com as mãos, que também ataca do mesmo modo. Quem primeiro desequilibrar-se e cair na água é o perdedor. Há também a "briga de galo indígena": dois aprendentes, frente a frente, ambos apoiados em apenas uma perna, tentam apoiar os braços no adversário, tentando desequilibrá-lo sem encostar os dois pés no chão. Para facilitar a aprendizagem, pode-se iniciar com apoio nas duas pernas.

✔ **Jogos para livrar-se da perseguição punitiva**, por exemplo, o "jogo do garrafão", um jogo de pegador no qual quem é pego deve "pagar uma prenda".

Jogo do garrafão

O garrafão é desenhado no chão, bem como se define um local a certa distância, que será o "céu", para onde os jogadores podem se dirigir para se livrarem da perseguição. Um aprendente é escolhido como pegador. O jogo inicia-se com os que serão perseguidos dentro do garrafão, e o pegador fora. Há muitas variações deste jogo, mas a regra principal é que o pegador somente pode entrar e sair do garrafão pela sua boca, mas os outros podem fazê-lo por qualquer lado, desde que pulem as linhas com os dois pés juntos, sem tocá-las. Aquele que é pego paga uma prenda definida pelo grupo (por exemplo, fazer caretas, contar uma piada, imitar alguém...) e depois passa a ser o pegador.

Se o pegador entra ou sai do garrafão sem ser pela boca, ou se qualquer participante pisa na linha do garrafão, e é denunciado pelo pegador, inicia-se a perseguição por parte de todos os jogadores. Se for pego antes de alcançar o céu (basta um toque com a mão), deve também pagar uma prenda.

Também podem ser incluídas nesse gênero as lutas/artes marciais propriamente ditas, como a capoeira, a esgrima, o judô, o caratê, entre outros exemplos. É possível incluir algumas destas modalidades nas aulas, privilegiando seus elementos básicos e intencionalidades, bem como adaptando materiais, e sempre respeitando os princípios didáticos pedagógicos da Inclusão, Adequação aos Aprendentes e Dialogicidade.

2.8. Jogos integrativos

O objetivo é favorecer a aprendizagem do conectar-se interiormente e responsabilizar-se pela própria saúde. A ênfase é nas atividades de sensibilização ou de consciência corporal. Aprender a lidar com o estresse e a ansiedade, utilizando a proposição da terapia integrativa (já difundida no Brasil pelo SUS), compreender que saúde e doença resultam das interações com outros seres humanos, alimentos, condições climáticas, emoções, entre outros fatores. E que a cura pode incluir técnicas milenares da cultura oriental.

Portanto, esses jogos aqui são realizados visando a experiência do estado de bem-estar. Integram esse gênero:

✔ **Jogos que envolvem a respiração**, com o objetivo de auxiliar na ultrapassagem da respiração superficial para a respiração profunda, a exemplo do jogo "respirar como abelhinha". Pede-se aos aprendentes para imaginarem que há abelhas voando por perto e tapem os ouvidos com os polegares e os olhos com os demais dedos; manter os lábios fechados e inspirar profundamente pelo nariz (1-2-3-4), como se estivesse cheirando uma flor (pedir que os aprendentes ouçam a própria respiração). Por fim, expirar vagarosamente pela boca (1-2-3-4), enquanto se faz um leve zumbido (zzzz...).

✔ **Jogos que tratam da postura**, como ocupar uma posição e permanecer imóvel, controlando a respiração, a exemplo dos jogos de "estátua" ou "batatinha frita 1,2,3".

✔ **Jogos de perseguição que trabalham a postura corporal**, como o "caçador de avestruz ou de tartarugas": os aprendentes, espalhados pelo espaço, são perseguidos pelo caçador, e para se livrar dele podem assumir a postura de tartaruga, deitando-se de costas, flexionado as pernas sobre o abdome e encolhendo os braços, imitando uma tartaruga deitada sobre o dorso; ou tomar a posição de avestruz, mãos entrelaçadas segurando um dos joelhos, com elevação da respectiva perna.

✔ **Jogos que visem o bem-estar físico e mental**, como alongamento, meditações, massagens coletivas e automassagens.

2.9. Jogos de invasão

O objetivo é favorecer aos aprendentes o desenvolvimento do pensamento estratégico para pontuar ou invadir o setor defendido pelos adversários e alcançar ou atingir um alvo. Na maioria das vezes, é um jogo de disputa pela posse de um móvel (uma bola, por exemplo), provocando intensa movimentação na ocupação dos espaços, seja na defesa, com a marcação, seja no ataque com a progressão do móvel. É um jogo de ocupação de território; portanto, o ataque necessita ultrapassar a defesa, progredindo em direção ao seu alvo. Para isso, os jogadores necessitam "ler" a situação de jogo, pensar e tomar decisões rapidamente para solucionar problemas, recorrendo às habilidades técnicas e táticas do acervo lúdico.

Há os jogos de invasão mais tradicionalmente ligados à cultura lúdica infantil, como o "Rouba-bandeira", também conhecido como "Barra-bandeira" ou "Pique-bandeira". E outro tipo direcionado ao ensino de esportes coletivos com bola (polo aquático, hóquei, futebol, basquetebol...), e que poderíamos denominar "jogos esportivos", os quais, por sua similaridade tática, possibilitam a compreensão de determinadas modalidades esportivas; um exemplo é o "Jogo dos dez passes". Ambos os jogos serão descritos a seguir.

Rouba bandeira

A turma é dividida em duas equipes, cada qual em um dos lados do campo de jogo. Uma "bandeira" (lenço, sandália ou outro marco) é colocada em cada linha de fundo. A finalidade é invadir o campo adversário, roubar a bandeira e retornar ao seu campo. Ataque e defesa são concomitantes, na medida em que uma equipe está impedindo a passagem de adversários por seu campo (quem for pego fica imobilizado) está também tentando invadir o território alheio. Os aprendentes imobilizados podem ser "salvos" pelos colegas da sua equipe com um toque de mão.

Vence a equipe que tomar a bandeira adversária e levá-la ao próprio campo primeiro. Uma variação possível é os jogadores pegos serem "aprisionados" em uma área delimitada de cada lado do campo.

Jogo dos dez passes com alvo

Duas equipes disputam a posse de bola, realizando passes com as mãos (ou com os pés) entre seus integrantes, sem se deixar ser interceptado pelos adversários, com um alvo a proteger e outro a atacar. É preciso completar dez passes antes de atingir o alvo com a bola (um adicional na pontuação pode ser dado para a equipe que completar os passes). Uma variação possível é usar alvos móveis, ou seja, que mudam de lugar; por exemplo, um aprendente segurando um arco acima da cabeça, com os braços levantados, e que pode se deslocar dentro de uma área predeterminada.

Esse gênero de jogos possui forte relação com o ensino do esporte por meio de jogos (Graça; Mesquita, 2007), e incluem os "jogos condicionados", que são estruturas didáticas derivadas da lógica de funcionamento do esporte formal (em especial os esportes coletivo com bola), porém com características mais simples. Essa terminologia foi elaborada pela pedagogia do esporte que já citamos anteriormente, *Teaching Games for Understanding* – TGFU (Thorpe; Bunker; Almond, 1984; Bunker; Thorpe, 1982, 1986), porque são jogos elaborados para levar à compreensão de similaridades e diferenças entre as modalidades esportivas, com intuito de desenvolver as ações de jogo a partir de necessidades táticas e condicionar a compreensão das respectivas dinâmicas intrínsecas.

Um dos princípios para condicionar espaço, tempo e estratégias de jogo chama-se "modificação por exagero", que estabelece estímulos por pontuação, vantagens ou desvantagens. Por exemplo, no caso do futebol, um jogo de três contra três (3x3), em que só é permitido um toque na bola a cada vez, e a equipe que consignar o gol após trocar mais passes que um número mínimo previamente combinado tem a pontuação dobrada.

A abordagem do TGFU facilita a inclusão, nas aulas de Educação Física, dos jogos de invasão formalizados como esportes propriamente ditos, como hóquei sobre grama, basquetebol, futebol, futsal, rúgbi, entre outros.

2.10. JOGOS DE REBATIDA

São jogos com uso de implementos ou de partes do corpo para rebater um móbil (uma bola, uma peteca...). Exemplificamos inicialmente com o Jogo de taco, conhecido também como "bete" ou *bets*.

Jogo de taco, bete ou *bets*

O objetivo é derrubar o alvo adversário (que pode ser uma "casinha" feita com pequenos pedaços de madeira, uma lata ou garrafa PET), arremessando uma bola pequena (bola de tênis ou similar), que o rebatedor, por sua vez tentará rebater para frente com o taco, o mais longe possível. Quando a bola é rebatida, a dupla rebatedora corre e troca de lado, cruzando os tacos no meio do campo, antes que os adversários recuperem a bola.

O taco ou *bets* possui regras detalhadas, que variam de região para região do País, e que podem tornar o jogo mais complexo. Sugerimos que você, professor, pesquise um pouco sobre o jogo, bem como consulte os alunos que porventura já o conheçam.

Outro exemplo é o "frescobol", jogo em duplas em que os participantes são companheiros, não adversários, com o objetivo de rebater a bola com raquetes, mantendo-a no ar pelo maior tempo possível.

Os jogos de rebatida formalizados como esporte são inúmeros: voleibol, *badminton*, *squash*, beisebol, tênis de campo e de mesa, entre outros. Podem ser adaptados, com simplificações, para tomar parte nas aulas de Educação Física no primeiro ciclo do Ensino Fundamental. Um bom exemplo é o Jogo base quatro, adaptado do beisebol.

Jogo base quatro

Há uma equipe que ataca e outra que defende. O jogo começa na primeira base, na qual se posiciona o primeiro rebatedor da equipe atacante ("A"); os demais rebatedores esperam a sua vez de atacar. Um jogador da equipe defensora ("B"), no centro do campo, será o arremessador ou lançador; os demais da sua equipe espalham-se pelo campo para tentar apanhar a bola rebatida e assim impedir que o ataque faça os pontos. Se "A" conseguir rebater a bola, corre em direção à segunda base. Ao mesmo tempo os defensores tentam apanhar a bola e passar para o arremessador, e este, se segurar a bola, deve colocá-la no chão, para impedir a progressão do atacante. O rebatedor poderá progredir em direção a quantas bases conseguir. Se estiver ameaçado estaciona em uma base e aguarda o próximo rebatedor. Um ponto é feito quando um atacante percorre as três bases e chega à "base quatro".

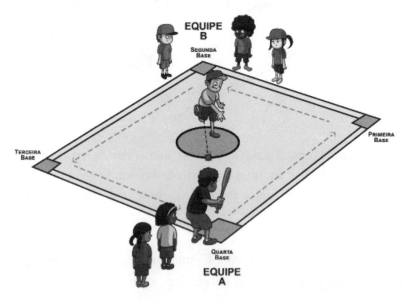

Depois que todos os jogadores da equipe atacante passarem pela posição de rebatedor, invertem-se as funções, a equipe atacante passa a ser defensora, e vice-versa. Sugerimos que se inicie com uma bola de voleibol, depois usar uma bola menor, como uma bola de tênis. Uma variação é, em vez de rebater com um taco, chutar a bola com o pé (nesse caso, use uma bola de futebol de campo um pouco murcha).

2.11. Jogos de marca

São jogos que envolvem o registro quantitativo de tempo, distância ou peso. Nesse gênero estão os jogos de estafeta e revezamentos, que envolvem competição entre duas ou mais equipes, e podem ser realizados conduzindo bolas, bastões ou outros materiais, dependendo dos movimentos que se deseja enfatizar (correr em zigue-zague, conduzir uma bola, saltar com uma só perna, rolamentos, entre outros exemplos), podendo combinar mais de um movimento na mesma estafeta. A cada vez, um aprendente de cada equipe realiza a tarefa proposta e volta para o final da fila. A equipe que primeiro finalizar vence.

Jogo de estafeta

Há também os jogos de percorrer distâncias o mais rápido possível. Por exemplo, a corrida do ovo ou a corrida de saco, nos quais se tem uma distância a perfazer, conduzindo um ovo (ou uma batata, ou qualquer outro objeto arredondado) em uma colher presa na boca ou saltando com as pernas dentro de um saco seguro pelas mãos; vence quem chegar primeiro.

Outra possibilidade são os jogos de arremessar objetos pesados o mais longe possível, como *medicine-ball* (de no máximo dois quilos), ou confeccionados com areia grossa e pedrinhas dentro de saquinhos de lixo envoltos em fita adesiva.

Confeccionando pesos

1) Coloque areia grossa com pequenas pedras em uma sacola plástica reforçada.

2) Segure no fundo da sacola já com a areia dentro e dê alguns poucos giros em sentidos opostos; quando a você perceber que a sacola fechar, passe a parte que formou a bola por dentro da mesma sacola e amarre. Aos poucos, vá modelando a circunferência, para que não fique muito oval.

3) Embrulhe a bola formada com jornal e fita adesiva, sempre deixando a bola bem justa, e em seguida a envolva em outra sacola, repetindo o processo do início da confecção.

4) Envolva com bastante fita adesiva, até que fique bem firme.

Fonte: http://desportoeeducacao.blogspot.com.br/2015/07/atletismo-como-confeccionar-pelotas.html

2.12. Jogos de precisão

São jogos cujo objetivo é aproximar ou atingir um alvo com algum objeto (bolas, setas, flechas...), usando as próprias mãos ou algum implemento. Neste gênero estão incluídos o jogo de bocha, arco e flecha, lançar setas, boliche, golfe, bola de gude, *goalball*, *pregobol*, pebolim, pião, jogo do botão, entre outros.

Jogo do botão

Arremesse um botão em uma parede, utilizando o dedo polegar. O primeiro jogador lança seu botão, o próximo jogador deve lançar seu botão e tentar deixá-lo a menos de um palmo de distância do botão adversário. Se conseguir, ele vencerá a rodada; caso contrário, o outro jogador vence a rodada.

Vários desses jogos podem ser adaptados tendo em vista espaços e materiais, e podem assim facilmente tomar parte nas aulas de Educação Física, como a bocha, o boliche e o golfe. E você, professora ou professor, poderá criar muitos outros jogos com a lógica da precisão, como no jogo do "Arremesso de Arco". Descrevemos a seguir o "Minigolfe" e o "Arremesso de arco".

Minigolfe

Com os aprendentes, construa diferentes percursos com desníveis, obstáculos, usando materiais como latas, aros, cones, pedaços de tecidos, caixas de papelão, entre outros.

Arremesso de aro

Arremesse o aro de modo que encaixe no colega ou em um cone posicionado a sua frente, cerca de 2 a 3 metros. Pode ser realizado na forma de estafeta. Vence a equipe que encaixar o maior número de aros.

Há também jogos para retirar objetos, do tipo "pega-varetas". Nele, é preciso retirar todas as varetas, uma por uma, sem que as outras se desloquem; cada cor equivale a uma pontuação, e ganha quem fizer mais pontos. Sugerimos o jogo pega-varetas gigante, que segue a mesma orientação.

Pega-varetas gigante

As varetas são feitas de pedaços de bambu ou madeira, com cerca 1,5 metro cada, pintadas com as cores referentes à pontuação.

2.13. Jogos de raciocínio

São jogos que exigem competência lógica, para planejar o encadeamento das jogadas e antecipar as ações do adversário. Demandam considerar o movimento das peças ou personagens, as possibilidades de percurso, as indicações, permissões e proibições das regras para cada situação no tabuleiro ou na programação do jogo eletrônico (*games*). São exemplos os jogos de dama, mancala, xadrez, gamão, jogo da velha, labirinto lógico eletrônico, Sudoku eletrônico; RPG de mesa ou eletrônico.

> Entendemos por raciocínio, conforme Houaiss (2001), a "atividade mental que, por meio de instrumentos indutivos ou dedutivos, fundamenta o encadeamento lógico e necessário de um processo".

Resolvemos incluir esse gênero porque é muito presente na cultura lúdica infantojuvenil, e seus jogos possuem potencial para compor Situações de Movimento nas aulas de Educação Física, conforme trataremos mais adiante. Note-se que seu universo é tão amplo que estaria contido em quase todos os gêneros descritos anteriormente. Senão, vejamos. Exemplificamos, para seis dos gêneros descritos anteriormente, um jogo de tabuleiro e outro eletrônico:

✔ Jogo da onça e Age of Empire III (Microsoft®) são jogos de invasão;
✔ Banco imobiliário e Rolle-playing game (RPG®) são jogos simbólicos;
✔ Resta um e Mario – Loco Roco (Sonic®) são jogos de marca;
✔ Xo Dou Qui ou Tekken 5 e Dark Resurrection (Namco®) são jogos de luta;
✔ Jogo de dardos ou tiro com *shooters* e Counter Strike (Valve®) são jogos de precisão;
✔ Quebra-cabeças (*puzzle*) e Echochrome (Sony®) são jogos de construção.

Outro gênero são os jogos guiados mais pelo acaso e aleatoriedade, nos quais a sorte é fator preponderante e que não requerem tanta competência lógica do jogador, como nos casos anteriores, mas paciência na espera do destino, como os jogos de dados, cara-coroa, "zerinho ou um", entre outros. E há aqueles jogos nos quais é importante certo grau de sorte inicial, mas que em seguida requer estratégias competentes do jogador, a exemplo do Dominó.

Como as aulas de Educação Física devem contemplar Situações de Movimento, após a aprendizagem nos suportes originais – que podem ser desenhados em cartolinas, couro ou emborrachado, ou jogados em equipamentos eletrônicos – sugerimos a passagem dos jogos de tabuleiro ou eletrônicos para jogos com movimentação corporal, ou seja, passar do "virtual" para o "corporal", para o concreto (Costa; Betti, 2006). O suporte para os jogos podem ser riscados no chão batido, ou pintados, marcados a giz ou com fitas adesivas em espaços cimentados ou de madeira.

Um exemplo de jogo de raciocínio simples é o "Jogo da velha", realizado em forma de estafeta, em que duas equipes competem para atingir o objetivo do jogo o mais rápido possível.

Jogo da velha

Os primeiros integrantes de cada equipe correm em direção ao tabuleiro desenhado no chão (também pode ser construído com arcos), e posicionam seus respectivos pedaços de pano coloridos (ou outro objeto pequeno) nas casas. Correm de volta e, ao bater na mão do próximo colega da coluna, este realiza a mesma ação, até que três casas sequencias (em qualquer direção) sejam preenchidas com a mesma cor.

Já mais complexo é o "Xadrez humano", no qual os aprendentes são adornados com o símbolo das peças em um colete, e se movimentam no tabuleiro gigante conforme as regras do jogo.

Ele também pode ser feito na forma de um jogo de baleado ou queimada, em que os jogadores só podem arremessar a bola ou se esquivar com os movimentos próprios das peças do xadrez. Por exemplo, se sou

> **Titulo Original:**
> "Harry Potter"™™:
> Quidditch™ World
> Cup, Electronic Arts,
> PlayStation®2, EUA,
> 2003.

> **Titulo Original:**
> "Harry Potter and
> the Sorcerer's Stone",
> Warner Bros. EUA,
> 2001, 152 min.

> Uma descrição
> do Quadribol
> realizado em aulas
> de Educação Física
> pode ser encontrada
> em Costa (2006).

"bispo", só posso me movimentar na diagonal, mantendo-me sempre nas casas de mesma cor em que estava no início do jogo, podendo ir para frente e para trás, quantas casas quiser, mas impedido de pular qualquer outra peça.

Outro exemplo é a adaptação para realização em quadra do *game* Copa Mundial de Quadribol®, originário por sua vez do filme *Harry Potter e a Pedra Filosofal*, caracterizado como jogo de invasão. Por ser um jogo que exige estratégias de ataque e defesa mais complexas, é recomendado para turmas a partir do 4º ano.

Assim também sugerimos o Jogo da onça (jogo de inspiração indígena). É um jogo de estratégia (lógica) em tabuleiro que, depois de aprendido, pode ser desenvolvido em Situação de Movimento na forma de um pega-pega.

Jogo da onça

É conhecido por vários grupos indígenas brasileiros. A onça ou jaguar, maior felino do continente americano, é um predador no topo da cadeia alimentar que se alimenta de qualquer animal que seja capaz de capturar. O tabuleiro pode ser desenhado no chão, e utiliza quinze peças para dois jogadores, sendo catorze cachorros para um jogador e uma onça para o outro. O objetivo do jogo é encurralar a onça ou prendê-la na toca (a figura triangular fora do retângulo no desenho a seguir). O jogador com a onça começa o jogo. Tanto os cachorros quanto a onça podem se deslocar para a casa adjacente em qualquer direção ao longo das linhas, desde que a casa de destino esteja vazia. Uma casa é a interseção de duas ou mais linhas quaisquer do traçado.

A onça pode "devorar" um cachorro pulando sobre ele para uma casa vazia (como no jogo de damas). Do mesmo modo, a onça pode eliminar mais de um cachorro em um único lance, se a disposição das peças assim o permitir.

Os cahorros não eliminam a onça, eles apenas tentam cercá-la, impedindo seus movimentos. Os jogadores alternam as jogadas até um dos dois vencer: os cachorros encurralam a onça, ou a onça devora cinco cachorros.

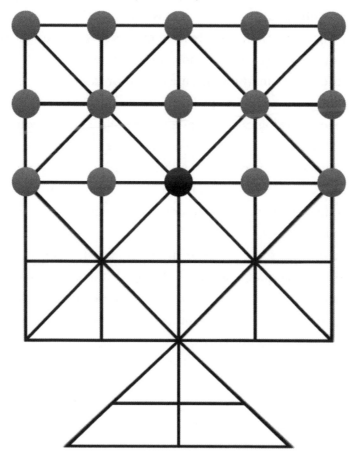

No pegador, para ser realizado na quadra ou outro espaço da escola, um aprendente (a onça) persegue catorze colegas (os cachorros), os quais só podem se deslocar conforme o traçado do tabuleiro gigante desenhado no chão.

Fonte: Elaboração própria com base em: http://fundamentalmatsv.blogspot.com/2010/04/o-jogo-da-onca.html

3. Finalizando esse jogo

Professor, professora, outros jogos poderiam ser aqui incluídos, mas entendemos que podem ser consultados em outras fontes, por exemplo, no próprio acervo vivido, em livros, em muitos *sites* disponíveis na internet, com outros colegas, ou mesmo com seus aprendentes.

Consideramos mais importante que os professores compreendam os fundamentos e princípios pedagógicos da Educação Física, os gêneros dos jogos, suas lógicas internas e suas potencialidades educativas, e desse modo obtenham inspiração e orientações para seu trabalho docente cotidiano. Por isso demos exemplos de jogos nos treze gêneros, o que também poderá referenciá-lo na busca por outros para gerar as Situações de Movimento nas aulas que você julgue mais adequadas ao seu contexto.

Perceba, professora e professor, que os gêneros de jogos aqui apresentados não são estanques, mas inter-relacionados. Por exemplo, os jogos de (des)construção podem também ser Jogos simbólicos (ou vice-versa); por exemplo, construir uma pirâmide com tampinhas de garrafa PET, imaginando as tumbas dos faraós, é tanto um jogo simbólico quanto de construção. A "amarelinha", ou "academia", é tanto um jogo de marca quanto de precisão.

Os jogos de lutas podem ter características dos Jogos de rebatida; por exemplo, um *rallye* (sequência ininterrupta de gestos) no *badminton* ou no voleibol é uma luta continua de ataque e defesa. Sendo assim, os treze gêneros podem se fundir uns nos outros, formando gêneros intermediários. Tudo é uma questão de ênfase, do que predomina em cada jogo, e dos interesses do professor e aprendentes.

Temos por certo que qualquer jogo aqui sugerido pode, a princípio, tomar parte nas aulas de qualquer ano escolar do primeiro ciclo do Fundamental I (exceto nos casos em que houve uma recomendação específica), e até além. Isso porque o respeito aos princípios didático-pedagógicos já aqui abordados (diversidade, inclusão, adequação aos aprendentes e dialogicidade) garantem o necessário tratamento para que se adequem aos aprendentes e objetivos das aulas. Então, uma pequena variação em um jogo, sugerindo problematizações ou novos desafios, alterando regras, ou o espaço e número de jogadores, entre outras possibilidades, já pode torná-lo favorável a novas aprendizagens no contexto singular de cada turma de aprendentes.

Destacamos agora alguns valores que devem permear os processos de ensino-aprendizagem nas aulas de Educação Física, conforme proposto por Gomes-da-Silva (2013):

– **O valor da coletividade.** Os jogos propostos devem ter participação dos próprios alunos, seja com sugestões de outros jogos ou de inovações nos jogos já aprendidos. Nos jogos em que há material, estes, tanto quanto possível, devem ser construídos coletivamente pelos aprendentes, na escola.

– **O valor da autoria.** Atribuir destaque a todo jogo criado, ou por cada variação e inovação, incentivando os aprendentes, de modo individual e coletivo, a serem autores do próprio jogar.

– **O valor da multiplicidade.** Os jogos sugeridos são simples de serem realizados e podem ser multiplicados em outros tempos e espaços, gerando um senso de responsabilidade lúdica. Que os aprendentes sejam brincantes, incentivadores de brincadeiras, com capacidade de ensinar outros a jogarem em diferentes situações, já que muitos jogos, em especial os tradicionais, são muito ricos em possibilidades de aprendizagem, e necessitam de pouco para acontecer.

Esses valores devem ser enfatizados ao término de cada aula: o trabalho da coletividade, da autoria, da criatividade, do compartilhamento dos saberes. Também sugerimos, ao final de unidade programática correspondente a cada gênero de jogo, a realização de um "Festival" em que todos os aprendentes, professores, gestores e demais profissionais da Escola possam usufruir os jogos aprendidos nas aulas, os aprendentes ensinando aos outros como jogar. O incentivo é para o "jogar/brincar junto", ao tempo que se respeitam as singularidades de cada um.

E como jogo e movimento não são exclusivos das aulas de Educação Física, a finalidade última deve ser levá-los para a vida, começando por outros tempos e espaços escolares. Assim, a comunidade escolar deve acordar locais (pátios ou outras áreas livres) e momentos (hora do "recreio", ou momentos que antecedem o início da jornada escolar, ou abertura das escolas aos finais de semana) em que a realização dos jogos será incentivada. A escola deve fomentar a cultura lúdica. A marcação dos suportes de alguns jogos no solo do pátio ou outros espaços é um exemplo já visível em muitas escolas; pode-se contemplar um jogo mais simples, como a "Amarelinha", ou mais complexo, como o "Jogo da onça". O importante é que a escolha parta dos aprendentes.

Agora é sua vez...

Quem não reflete repete! E quem não escreve esquece!

Apresentamos exemplos de jogos em seus diversos gêneros. Sugerimos agora que você, professor ou professora, registre aqui a descrição de um jogo (não contemplado neste capítulo) em dois gêneros de sua escolha (entre os treze que apresentamos), e que você pretende incluir em aulas futuras com sua turma ou turmas de aprendentes. Pode ser um jogo da sua infância, ou que você viu se desenrolar entre crianças, ou mesmo que você tenha pesquisado em outra fonte. Você pode usar palavras e/ ou desenhos.

Gênero do jogo: _____

Denominação: _____

Descrição:

_____

_____

_____

_____

_____

_____

_____

_____

_____

_____

Gênero do jogo: _____
Denominação: _____
Descrição:

_____

_____

_____

_____

_____

_____

_____

_____

_____

_____

Como já citamos, nosso foco neste livro, professor ou professora, é vê-lo ou vê-la como autor das suas práticas pedagógicas e coautor(a) nessa obra inacabada. Em continuidade, julgamos imprescindível e coerente sugerir como deve ser estruturada a aula de Educação Física na perspectiva que defendemos. Ao menos uma estrutura inicial, que você também poderá adaptar a seu contexto e intencionalidades pedagógicas. É o que seguirá no próximo capítulo.

III

Vamos conversar sobre
a aula de Educação Física

A aula é o elemento central na forma de organização do ensino escolar; é assim em todas as disciplinas, e não é diferente na Educação Física, embora suas especificidades. Segundo Libâneo (1994, p. 178), a aula é "toda situação didática na qual se põem objetivos, conhecimentos, problemas, desafios, com fins instrutivos e formativos, que incitam as crianças e jovens a aprender". Vale lembrar ainda que, em geral, não temos aulas isoladas, mas conjuntos de aulas orientados pelo planejamento de ensino, este, por sua vez, articulado ao projeto pedagógico-curricular da escola e às demais instâncias da política educacional. Mais que isso, a aula é uma forma viva, uma situação cognitiva, resultante do encontro entre mestres e aprendentes em um ambiente propício.

No caso da Educação Física, pela perspectiva da Pedagogia da Corporeidade que vimos adotando, consideramos que a aula é constituída por Situações de Movimento, e que estas pertencem ao campo da linguagem, ou melhor, da produção de sentidos vinculados a um ou mais conteúdos, conforme expusemos nos capítulos I e II. Cada Situação de Movimento, por sua vez, demanda uma diversidade de procedimentos por parte do professor.

Lembramos que a Pedagogia da Corporeidade implica, primeiro, historicizar o pressuposto de Assmann (1998, p.34): "Somente uma teoria da corporeidade pode fornecer as bases para uma teoria pedagógica". E, segundo, implica compreender a Educação de modo geral, e a Educação Física de modo específico, como pertencentes ao campo dos processos vitais, complexos sistemas de interações cognitivas ou sígnicas com o mundo; práticas de intervenção, portanto.

Consideramos ainda, com González e Fensterseifer (2014, p. 65), que a aula é decorrente de uma intencionalidade pedagógica, com a devida justificativa do que propõe, e vincula-se a três pressupostos:

(i) a impossibilidade de o aprendente desenvolver-se de forma espontânea e solitária;

(ii) que a aprendizagem escolar é importante para a formação humana,

(iii) que a escola tem a responsabilidade intransferível de possibilitar tais processos de aprendizagem e/ou desenvolvimento.

Acrescentamos, além disso, que a aula, tendo em vista que é encontro comunicativo, também está regida pela vontade de aprender da criança e do jovem, assim como pelas intencionalidades pedagógicas do professor, e, por fim, que precisa realizar-se em condições ambientais favoráveis para que o encontro se realize de fato.

Assim, reconhecemos que a aula é de responsabilidade: do *professor*, com sua formação política e profissional; do *aprendente*, com seus interesses sociais e motivações delineados em um contexto cultural; e do *ambiente* construído para a aprendizagem, que inclui desde a estrutura física espacial, arquitetônica e material didático disponível, até a lógica de organização e funcionamento escolar implementados pelas gestões e políticas públicas. De modo que nossa concepção de "mediação" não se restringe aos professores, com seus saberes de transposição didática, mas a todo o ambiente gerado pela Situação de Movimento. Até porque a aprendizagem é cognição, e esta "é o resultado de redes complexas

VAMOS CONVERSAR SOBRE A AULA DE EDUCAÇÃO FÍSICA

onde interagem um grande número de atores, humanos, biológicos e técnicos", afirma Levy (1995, p.144).

No caso da Educação Física, o privilégio recai sobre as Situações de Movimento, geradas pela própria circunstância do encontro. Este ocorre entre professor, aprendentes e ambiente. O mestre ou professor é aquele que, comprometido politicamente com o bem da humanidade no planeta, atua despertando pelo conflito o "gozo da expressão criativa do conhecimento" (Einstein apud Assmann, 1998, p.32). O aprendente é aquele que aprende com a situação ou "agente cognitivo que se encontra em processo ativo de estar aprendendo" (Assmann, 1998, p.129). E ambiente ou meio é o que cerca ou compõe o contexto de aprendizagem, é o substrato espaço temporal, técnico e socioemocional do processo de ensinar e aprender. Sendo assim, ensinar é fazer conscientemente emergir experiências de aprendizagem, e aprendizagem é envolvimento com o entorno, reagindo às circunstâncias e reorganizando-se como corporeidade.

1. Como estruturar a aula

> "Esportivização", como já referimos no Capítulo II, é o processo que transforma jogos ou outras práticas corporais em esportes formalizados.

Trataremos aqui a estruturação da aula da Educação Física em perspectiva semiótica, como *lugar da semiose*. Ultrapassando o modelo fisiológico tradicional, que vê a Educação Física como momento para crianças e jovens gastarem calorias, ou dos valores exclusivos da esportivização, a estruturação da aula que concebemos pauta-se pela aprendizagem ativa, diversidade cultural, planejamento participativo e formação humana para a autonomia.

Acreditamos que essa estruturação pode auxiliar os professores em suas escolhas e tomadas de decisão didáticas, sem ignorar, contudo, as próprias concepções de formação humana e ideário de educação e sociedade. Assim, partindo das necessidades de aprendizagem dos seus aprendentes, e contemplando ou confrontando os interesses político-institucionais, o professor deve estar alinhado com inúmeras investigações já realizadas, as quais sinalizam uma aula que, entre outros aspectos:

(i) valorize a cultura corporal de movimento, em suas variadas formas de expressão (Daolio, 1996);

(ii) contemple as questões de gênero para evitar a exclusão (Altmann, 2015);

(iii) adote os princípios de inclusão, diversidade, complexidade e adequação da atividade aos aprendentes (Betti; Zuliani, 2002);

(iv) evite o *bullying* nas aulas de Educação Física (Oliveira; Votre, 2006).

Para além da estrutura tradicional das sessões de preparação física e/ou treinamento técnico-desportivo, composta de Aquecimento, Principal (aptidão física, técnica e tática) e Volta à calma (Rogalski; Degel, 1984), almejamos sugerir uma estrutura que tenha como objeto de ensino as Situações de Movimento. Nestas, o centro do processo de ensino-aprendizagem não está apenas no polo dos aprendentes, fazendo suas experimentações motoras, nem no polo dos professores, tratando do conhecimento da Educação Física escolar: ginásticas, danças, esportes, práticas circenses, exercícios terapêuticos, lutas, brincadeiras populares e tantas outras manifestações do jogo. Está antes no encontro da intencionalidade pedagógica do professor, dos interesses dos aprendentes e da disponibilidade do ambiente (físico e social).

Nossa compreensão da aula de Educação Física é *ecológica*, porque diz respeito à nossa condição existencial de interação agente-ambiente, organizando-nos na circunstância pela ação realizada no mundo e pela simbolização dessa ação. Sendo assim, qual estrutura da aula de Educação Física pode favorecer a produção de sentido como resultante da interação significativa entre os participantes em seu ambiente? A seguir, apresentaremos nossa resposta a essa questão.

1.1. Fundamentos da aula

Iniciamos esclarecendo que entendemos a aula como "atividade significativa" porque ela compreende as condições, processos e multiplicação dos signos gestados durante a Situação de Movimento. Lembramos aqui as palavras de Gomes-da-Silva, Betti e Gomes-da-Silva (2014, p. 603): "Os signos interconectam estados do mundo, portanto é uma entidade dinâmica, desenvolve-se num processo contínuo de significar [...] abrangendo desde os processos bioquímicos até a significação cultural". De modo que a Situação de Movimento é compreendida como processo cognitivo de comunicação com o mundo, mediado pelos signos: ações e inações de professores e aprendentes, contexto espaço-temporal, técnico, histórico-cultural e emocional-motor. Inações são também signos, porque o não agir, o silêncio, também representam algo no contexto da situação.

Assim, a aula é compreendida como uma semiose, produtora de ações objetivas e subjetivas, dadas na interpretação dos signos. Essa atividade significativa acontece desde a interação dos aprendentes com a qualidade dos espaços e materiais até a qualidade da sua movimentação nos jogos, passando pela compreensão de habilidades, conceitos, valores e crenças acrescidos.

Para melhor explicar o que estamos querendo dizer, retomaremos aqui o conceito de *semiose*, que já introduzimos no Capítulo I. Semiose corresponde ao *continuum* de um signo afetando outro, em uma cadeia infinda na direção de signos mais gerais; ou seja, signo é qualquer coisa que represente outra para alguém em uma determinada circunstância. Ou como conceitua Peirce (1972, p.115):

> *Um signo, ou Representamen, é um Primeiro que se põe numa relação triádica genuína para um Segundo, chamado seu Objeto, de modo a ser capaz de determinar um Terceiro, chamado seu Interpretante, o qual se coloque em relação ao Objeto na mesma relação triádica em que ele próprio está, com relação a esse mesmo Objeto.*

A Figura 4 representa a dinâmica da semiose, signos virando outros signos mais desenvolvidos, conforme a apresentação de Merrel (2012):

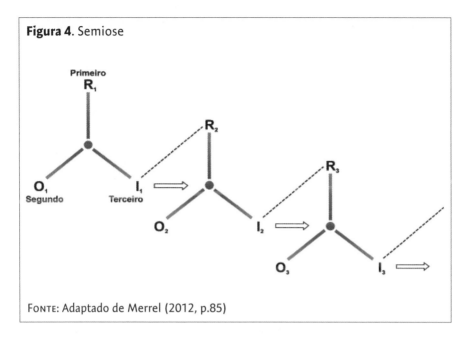

Figura 4. Semiose

FONTE: Adaptado de Merrel (2012, p.85)

O Primeiro é o que é, sem relação, é autossuficiente; já o Segundo é o que mantém relação com alguma outra coisa; e o terceiro é o que estabelece a interação entre o primeiro e o segundo. Primeiridade é professor/aprendente/ambiente separados, apenas em intenções ou possibilidades. Secundidade são as ações e inações realizadas por mestres e aprendentes, criando a situação, abrange o esforço. E Terceiridade é a experiência de aprendizagem alcançada, a produção de sentido.

Para exemplificarmos essa perspectiva da aula como campo de intervenção para produção de sentido, apresentamos um exemplo de Situação de Movimento que nos ajudará a raciocinar ao longo desta seção, bem como auxiliar você, professor ou professora, a pensar em outras situações do seu cotidiano docente. O exemplo é sobre o processo de ensino–aprendizagem da pernada do nado *crawl*, cujo objetivo é alcançar uma pernada rápida e forte. Os aprendentes estão com dificuldades, apresentam uma pernada "dura", então o professor planeja exercícios para a ação da pernada "solta", mantendo o quadril alto e as pernas relaxadas com aceleração dos movimentos dos pés.

Nessa perspectiva da semiose, o *Representamen* da aula, o Primeiro, é a intenção-ação do professor em ensinar a execução da pernada rápida e potente com a sequência de atividades que planejou. Também é a intenção do aprendente executar a pernada sem cansar muito, para isso se dispõe, por livre vontade, a realizar a sequência sugerida pelo professor. Também é a piscina, a água e a placa ou prancha disponível para uso na execução da pernada. O Objeto é a realização da sequência proposta pelo professor, dada na situação criada. É esse encontro das atividades propostas com o envolvimento e esforço dos aprendentes, no meio líquido e usando o material didático disponível (placas ou pranchas), que caracteriza o Segundo. Já o Terceiro, o Interpretante, é o resultado da aprendizagem, quando os aprendentes realizam a pernada, de modo relaxado, potente e rápida. E concluem, de maneira proprioceptiva e verbal, que a rapidez da pernada é proporcional ao seu relaxamento.

A experiência de aprendizagem está para professores e aprendentes porque um conjunto de operadores cognitivos são acionados por ambos na circunstância, ou seja, todos aprendem. Nas Situações de Movimento há signos que professor e aprendentes fazem multiplicar, contando com a viabilidade e disponibilidade do meio. Em cada aula há um duplo esforço, resultado da sensibilidade criativa de ambos para com o imprevisível da situação. Há um requerer de novas habilidades, a partir do conhecimento produzido, e compromisso ético com a aprendizagem.

É no encontro agente-ambiente, em uma progressiva relação com o entorno que o conhecimento vai se estabelecendo. Aprendizagem aqui é envolvimento, cada partícipe do processo torna-se corresponsável consciente pela experiência de aprender e cuidar uns dos outros.

Uma aula de Educação Física não fica totalmente definida, fechada, pelo interesse-planejamento do professor, nem pelo interesse-ação dos aprendentes, mas por ambos, em interação com o contexto físico e social em que a aula se realiza. O professor é responsável pela provocação ao conhecimento, pelo despertamento do interesse e cuidado. O aprendente é responsável por seu desejo de saber, por sua curiosidade ou necessidade de conhecimento e cuidado de uns para com os outros. O ambiente necessita estar adequado à realização da aula, implicando professor, aprendente, gestores, demais funcionários, sistema de ensino e políticas educacionais. Desse modo, a aula encontra seu fechamento na forma espaço-tempo criada pela interação de todos os seus corresponsáveis, em diferentes medidas e especificidades.

1.2. FINALIDADES DA AULA

A aula favorece a experiência de aprendizagem quando se torna ambiente de interação, implicação e integração, que passamos a denominar de sentir/perceber, conhecer e amar. Percepção é interação agente-ambiente mediada pela percepção-ação, na perspectiva ecológica de Gibson (1986). Conhecimento é envolvimento com o entorno, seja o bebê na creche explorando os objetos, seja na iniciação ao futebol, conduzindo a bola com os pés por entre obstáculos. Esse envolvimento com o entorno corresponde à percepção de si próprio e do meio, e ao estabelecer-se esta comunicação está havendo produção de sentido ou linguagem (conhecimento, portanto). E o amor é o Terceiro, aquele que estabelece o entrelaçamento congruente do Primeiro – informações ambientais disponíveis – com o Segundo, que é agir no entorno de modo implicativo.

O amor não é aqui sentimento romântico, mas envolvimento integral com a circunstância; é a qualidade da presença do ser no mundo, mediado por ações de responsabilizações.

A aprendizagem, nesses termos, é contínua, ocorre em todos os espaços em que haja possibilidade de conhecimento-envolvimento. E mais, desenvolve-se por toda a vida. Assim, o amor é força congruente capaz de unir educandos e educadores em relação ao mundo, envolvendo-os em ações estéticas, éticas e lógicas. Essa tríade (percepção, conhecimento e amor) é decorrente da filosofia peirciana. O fim último do conhecimento é a integração ou amor, esse "sentimento vivo de unidade" (Ibri, 2005, p. 191). Esclarece Peirce que o crescimento vem apenas do amor, "não digo do autossacrifício, mas do impulso ardente de preencher o mais alto impulso do outro" (Peirce apud Ibri, 2005, p. 195).

Em resumo, conforme representado na Figura 5, a aula tem por fim de multiplicar os signos, pelo sentir/perceber, pelo conhecer (que é envolvimento e comunicação com o mundo externo e interno), e pelo amar, poder aglutinador, criativo e transbordante.

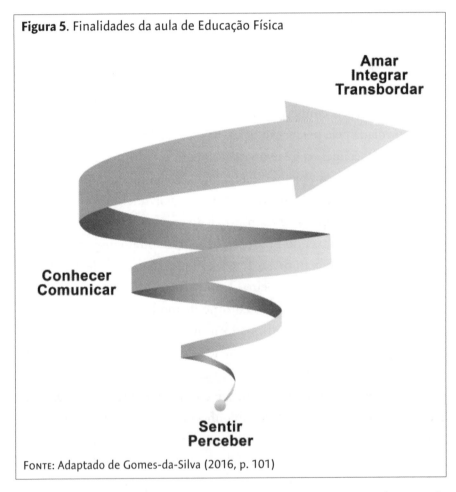

Figura 5. Finalidades da aula de Educação Física
FONTE: Adaptado de Gomes-da-Silva (2016, p. 101)

Portanto, se a aula for apenas percepção-ação, é uma aprendizagem de "máos/pés, sem cabeça", é hipertrofia muscular e atrofia de argumentação. Se for só conhecimento (no sentido de puras representações intelectuais), é aprendizagem de "cabeça, sem mãos/pés", é hipertrofia das letras e atrofia corporal. Se for percepção e conhecimento sem amor é uma educação de "mãos/pés e cabeça, sem coração", sem entranhas, sem emoção, sem transbordamento ou êxtase. Cognição e motricidade sem amor seria educação sem intuição, imaginação e criatividade. Eleva-se a potência dos saberes e competências em detrimento da sensibilidade, do envolvimento de mãos, pés e coração para consigo, com o outro e com o cosmos.

O sentir/perceber deve resultar em um conhecimento que não está voltado apenas para o mundo externo das cosmologias ou microbiologias, mas também para as emoções, representações conscientes e projeções inconscientes. A percepção total compreende os processos interoceptivos, proprioceptivos e exteroceptivos. O conhecimento completo envolve o conhecer e o conhecer-se, de modo significativo; portanto, implica comunicação. E percepção e conhecimento estão destinados ao aumento do Amor, pois é por ele que o universo cresce e se expande, conforme Peirce.

Amor é mediação, como qualidade que põe em movimento o Primeiro em relação ao Segundo, as percepções e ações em relação aos conhecimentos organizados ou significados. É o amor quem coordena as operações de sentir/perceber e conhecer, conforme assevera Maturana (2002, p. 170): "as emoções são disposições corporais que especificam domínios de ações", que compreende das ações motoras às ações políticas. A finalidade da aula de Educação Física é, portanto:

✔ **Sentir/perceber**, porque esta é a abertura percepto-motora à circunstância;

✔ **Conhecer/comunicar**, porque é comunicação com o mundo e sua representação;

✔ **Amar/integrar/transbordar**, porque é experiência de integrar o vivido e o conhecido como integrado a si mesmo.

Portanto, essa estruturação da aula reconcilia: "mão-cabeça-coração-circunstância". Por isso entra em confronto com os sistemas educacional, sociocultural e político-econômico orientados hegemonicamente pela perspectiva da produção e consumo sem limites, e pela lógica do mercado das competências.

Em nossa perspectiva o objetivo da aula é formar o sujeito perceptivo, ético e amoroso, no fluxo do cosmos criativo.

1.3. MÉTODO DA AULA: EXPERIÊNCIA DE APRENDIZAGEM

Vimos utilizando o termo "estruturação", porque não se trata de um modelo rígido, fixo, não é a oferta de um molde para enquadrar a condução das aulas por parte do professor, pois este é sempre compreendido como autor. Referimo-nos às categorias auto-organizativas do trabalho docente, adaptável aos diferentes públicos, temas e circunstâncias. Essas categorias foram tomadas do sistema peirciano (Primeiridade, Secundidade e Terceiridade) e transpostas para a estruturação da aula nos termos propostos pela Pedagogia da Corporeidade de Gomes-da-Silva (2016), recebendo os nomes de sentir, reagir e refletir. Assim, propomos uma aula que segue uma orientação da estética à lógica, passando pela ética, ou seja, seguimos a sequência da emoção à ação, e desta para a reflexão.

Na perspectiva da lógica de Peirce (1972, 1974, 1990), como um método que conduz à descoberta, à invenção e à resolução de problemas, a aula objetiva que os aprendentes encontrem suas *"heurecas"*, produzam sentidos nas ações realizadas. Pois o sentido da aula é que educando e educador realizem descobertas, mediante resolução de impasses cognitivo-motores. Assim, a aula estrutura-se em sensibilização, provocação de ações novas e reflexão do aprendido, favorecendo a aula como uma semiose. Daí a orientação é de que a aula passe pelos processos de sentir, reagir e refletir.

A aula é produtora de sentido, na medida em que atravessa emoções, ações e reflexões. A emoção vivida na aula é produção de sentido, tal como a realização de um movimento com mais qualidade, ou uma formulação conceitual. A produção de sentidos acontece desde os sentimentos vividos, as reações desencadeadas e suas reflexões decorrentes.

A significação argumentativa acontece no último nível da aula, denominado de "reflexão", pois nesse instante os porquês, os quês e os como das ações realizadas são discutidos coletivamente.

A estruturação da aula é nosso jeito de organizar a experiência de perceber, reagir e conceitualizar a situação de movimento vivida. Experiência, para Peirce (apud Ibri, 1992, p.4) "é o inteiro resultado cognitivo do viver". Para nós, experiência de aprendizagem é o resultado dos três modos gradativos, comunicativos e interdependentes: a experiência de Primeiridade é "sentir", oferecimento de sensibilização; a experiência de Secundidade é "reagir", oferecimento de provocações às ações; por fim, experiência de Terceiridade, "refletir", em que ocorrem representação e verbalização, com o objetivo de completar-se a semiose.

1.3.1. Experiência de Primeiridade da aula: sentir

É instância de sensibilização, de despertamento, realizada no início da aula e tem por objetivo criar um ambiente de sedução, fascinação, encantamento. A tarefa do professor, com o meio material e social da aula, é um chamamento ao entusiasmo. Mais do que exposição informacional, a primeira interação professor-aprendente-meio é de despertar o gosto, de seduzir ao conhecimento como fruição. O encantar-se é recíproco, quanto mais aprendentes entusiasmados, mais entusiasma o professor. É o ensino da faculdade de estar sensível a uma temática a ser apresentada, em recebê-la sem preconceito para vivenciá-la.

Assmann (1998, p. 31) lembra-nos de que, para Leontiev, "o cérebro é um autêntico órgão social, necessitado de estímulos ambientais para seu desenvolvimento.

Alexei N. Leontiev (1903-1979), nascido em Moscou. A partir da segunda metade da década de 1920, trabalhou na ex-União Soviética em proximidade a Lev S. Vigotski e Alexander R. Luria, na tentativa de desenvolver uma psicologia inspirada na filosofia do marxismo-leninismo. Em resposta às concepções idealistas e mecanistas biologizantes, desenvolveram uma teoria da origem sócio-histórica das funções psíquicas superiores, as funções especificamente humanas.
Foi professor na Universidade de Moscou, organizador da Faculdade de Psicologia, membro da Academia de Ciências Pedagógicas da ex-URSS e doutor *honoris causa* da Universidade de Paris.

Sem aconchego afetivo o cérebro não pode alcançar seus ápices mais elevados". Para isso o educador, além de encantado por seu trabalho, orienta o instante, conduzindo-o por meio de provocações, espantos e alegria.

O primeiro da aula é um convite sedutor, em que o aprendente responde com liberdade. Não é por obrigação ou imposição que se deveria iniciar a aula, mas por sedução à descoberta. Esse instante constitui-se em um convite terno ao brincar, por meio de atividades envolventes, caracterizadas por suas qualidades sensoriais e emocionais de contágio ao interesse do aprendente. O estado de consciência, nesse instante vivido, é o do presente. Deseja-se que os aprendentes suspendam por um pouco o juízo, não requerendo o passado (o que já sei sobre esse assunto?), nem projetando o futuro (o que irá acontecer, ou para que serve esse assunto?). A lógica desse instante não é a do discurso verbal ou da explicação, mas da sensibilização, insinuando no coletivo o desejo para viver a experiência imediata. O objetivo é ocupar o pensamento dos aprendentes com o imediatamente presente.

1.3.2. Experiência de Secundidade da aula: reagir

Inicia-se com a discriminação de um aspecto específico que será trabalhado na aula e que será perseguido por todos (mestre e aprendentes) nesse segundo instante. Diferente do primeiro, que se caracteriza pela passividade do sentir-se afetado, este momento é agora caracterizado pelo esforço, pelo confronto com uma atividade que colide com o já sabido (passado) e o intencionado (futuro). Um problema é posto, força o já aprendido ao chão, e exige pensar-agir diferentemente. Não que o já sabido seja desprezado; ao contrário, ele é percebido como insuficiente. Surge a necessidade de acrescer o conhecimento, ampliá-lo para resolver a situação que me desafia.

Vigotski (1984, p.105) ajuda-nos a planejar esse momento responsável por fazer o desenvolvimento avançar, ou para "pôr em curso a maturação daquelas funções ativadas durante o próprio processo de aprendizado". É o que ele denomina de "zona de desenvolvimento proximal"; a distância entre

> Sobre o que já tratamos no Capítulo II.

VAMOS CONVERSAR SOBRE A AULA DE EDUCAÇÃO FÍSICA

> *o nível de desenvolvimento real, que se costuma determinar através da solução independente de problemas, e o nível de desenvolvimento potencial, determinado através da solução de problemas sob a orientação de um adulto ou em colaboração com companheiros capazes* (Vigostski, 1984, p.112).

Há nesse momento da aula uma consciência de dualidade entre duas coisas: o já sabido e o ignorado. O desconhecido é o que age como uma força, exigindo reação, requerendo outro arranjo de ação. Também ocorre um sentimento de resistência e, ao mesmo tempo, um sentimento de esforço. "Não pode haver resistência sem esforço; não pode existir esforço sem resistência. Eles são apenas dois modos de descrever a mesma experiência. É uma dupla consciência", esclarece Peirce (apud Ibri, 1992, p. 7). A alteridade é posta inicialmente como negação: as coisas não são o que queremos que sejam, tampouco são estabelecidas pelas nossas concepções.

De modo que a problematização criada com a atividade na aula deve gerar essa binaridade, essa oposição, que force o aprendente (individual e coletivo) a envolver-se e dedicar-se à solução do problema. A capacidade em resolver o atual problema da aula parte do uso do padrão para resolver outros problemas similares já enfrentados. Esse momento da aula constitui-se em uma experiência direta de conflito cognitivo.

O professor-provocador deve estar sensível à "zona de desenvolvimento proximal" para não propor uma problematização que os aprendentes não tenham condições de solucionar. Então a aula também força o professor a elaborar atividades-problemas, pois seu compromisso é com a formação do pensamento lógico, científico, como afirma Bachelard: "Antes de tudo o mais, é preciso saber formular problemas. E seja o que for que digam, na vida científica, os problemas não se apresentam por si mesmos" (Bachelard apud Lorenzetti; Delizoicov, 2001, p. 48).

O problematizar do professor na aula não é para "complicar" ou retirar o divertimento do jogo, mas para que o aprendente obtenha a experiência de aprendizagem, ou seja, o resultado cognitivo do viver. Pois, uma vez compreendida as dificuldades e as necessidades do conhecimento, este emerge como apropriação. E como sugere Bachelard, a problematização da situação é o obstáculo da própria circunstância, como, por exemplo, a pernada potente e rápida do nado *crawl* que ilustramos anteriormente, a qual estava obstaculizada pela "pernada dura" dos aprendentes. Então, o professor aproveita a oportunidade para mudar a cultura do já sabido. Propõe problematizações adequadas ou "proximais", que tem o potencial de gerar no aprendente a necessidade de um conhecimento que ele ainda não possui ou pensa não possuir.

Esse conhecimento novo emerge pela solução do problema em colaboração com o professor e/ou com companheiros capazes, como disse Vigotski, mas que exige de cada um a capacidade de improvisação, ou do sentir e agir produtivos. A experiência é de oposição em relação ao que impede avançar. A solução não é oferecida sem haver problematização; o aprendente há de se perguntar: "por que não consigo realizar uma pernada rápida e potente?". E então desencadear o esforço para superar o próprio obstáculo, percebendo de modo proprioceptivo o complexo quadril-perna-pés. A consciência de resistência é experimentada pelo obstáculo, diz Peirce (apud Ibri, 1992, p.8): "Tornamo-nos conscientes do eu ao nos tornarmos conscientes do não eu".

1.3.3. Experiência de Terceiridade da aula: refletir

O último instante da aula decorre da mediação do primeiro com o segundo. Ou seja, é o momento em que o esforço por superar o obstáculo conduziu ao resultado cognitivo do viver ou experiência de aprendizagem. A continuidade entre esforço proprioceptivo e pensamento conceitual é a Terceiridade, a última categoria organizativa da aula. É nesse momento da aula que ocorre a experiência de síntese, uma consciência sintética, que "faz a ligação com o tempo, e oferece o sentido da aprendizagem e do pensamento" (Peirce apud Ibri, 1992, p.14).

No exemplo que estamos seguindo, a experiência de síntese ocorre quando o aprendente manteve a pernada "solta" na superfície e relaxada, ganhando velocidade. Ele sente a potência começando na flexibilidade do quadril, transferindo-se para toda a ação da pernada: a força cresce ao

VAMOS CONVERSAR SOBRE A AULA DE EDUCAÇÃO FÍSICA

longo dos músculos da coxa atravessando os joelhos alongados e torno-zelos e pé acelerados. Ao generalizar esse modo da pernada para outras situações de exigências do nado, ele consegue produzir uma formulação abstrata ou conceito; então se aglutina a experiência de aprendizagem. O novo da aula é de natureza emocional, proprioceptiva, mas deve encerrar-se no conceitual; é preciso que o aprendente verbalize algo do tipo: "uma boa pernada consiste em pernas alongadas, relaxadas e fortes, partindo de um quadril flexível".

Para chegar a esse conceito o aprendente passou por um processo: sentiu-se envolvido e corresponsável, desafiado pelo obstáculo epistemológico empreendeu esforço para sua superação, para, por fim, reconhecer a aquisição ou crescimento cognitivo-motor. Em cada aula espera-se que se chegue a essa consciência que aglutina o processo em nova aquisição, mínima que seja. O novo não significa inusitado, extraordinário, apenas o dantes não experimentado e que agora é representado e generalizado para outras situações.

Terceiridade é sinônimo de representação, e representação é o "resultado cognitivo do viver", a assimilação do obstáculo: a pernada forte e rápida foi a assimilação da pernada "dura" pela pernada "solta". O Terceiro é sempre síntese, portanto assimilação e não superação. A assimilação é uma força compulsiva de fazer pensar, pois é a pernada "dura" em contraste com a pernada "solta" que faz pensar, representar e generalizar.

O último instante da aula, então, é reservado para representar, para expressar essa força-pensamento que está vinculada ao passado, ao rever as ações de confronto vivido, e intencionando ação futura, ao antever-se em outras situações, ou seja, generalidade.

Essa é a tríade que constitui a experiência de aprendizagem de uma aula de Educação Física fundada na Pedagogia da Corporeidade com bases semióticas: estar sensível para as possibilidades do mundo; atentar para os obstáculos como exigências de crescimento e expansão; e assimilar pensando generalizações. Faz-se isso reformulando as regularidades anteriores e estendendo as regularidades adquiridas para situações futuras.

Essa é experiência de sentir, reagir e refletir, e a representamos graficamente na Figura 6

Figura 6.– Experiência de aprendizagem da aula

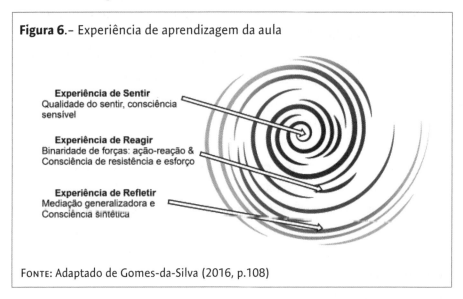

FONTE: Adaptado de Gomes-da-Silva (2016, p.108)

1.4. ESTRUTURAÇÃO DIDÁTICA DA AULA

Como foi apresetando anteriormente, a aula possuí três níveis: sentir, reagir e refletir. Primeiro, sensibilizamos os aprendentes, despertando-lhes o interesse e consequente envolvimento; segundo, proporcionamos vivências problematizadoras, que produzam e requeiram outros arranjos percepto-motores; terceiro, refletimos, por meio de construções representativas e verbalização sobre o vivido.

A proposta é favorecer diferentes percepções-ações, requerer outros processos mentais e experimentar movimentações relacionadas entre si e com o cotidiano. Em uma perspectiva de mestres e aprendentes aprenderem a viver de modo integrados, reproduzimos aqui a estruturação da "Aula-Laboratório" proposta pela Pedagogia da Corporeidade (ALPC), de Gomes-da-Silva (2015b). Lembramos: essa grelha organizativa não é rígida, porque é estruturação; portanto, falível e circunstancial,

A "Aula-Laboratório" tem sido operacionalizada pelos professores-pesquisadores do Laboratório de Estudos e Pesquisas em Corporeidade, Cultura e Educação (LEPEC), da Universidade Federal da Paraíba.

VAMOS CONVERSAR SOBRE A AULA DE EDUCAÇÃO FÍSICA

podendo ser alterada conforme as necessidades do grupo, contanto que mantenha sua estruturação categorial (sentir, reagir e refletir).

1) Sentir é a introdução da aula, com duração de 5 minutos.

Essa primeiridade da aula compreende seu momento estético; portanto, objetiva a sensibilização: seduzir os aprendentes para entrarem no jogo. O convite é emocional, no sentido de despertar interesse, desencadear energia. Mas não é apelativo, não é emoção sem cognição. Estrutura-se em uma tríade de subcategorias:

a) **Saudações**: ritual de saudações, de acolhimento, de boas-vindas;

b) **Poesia**: músicas do cancioneiro popular, cantigas de roda cantadas e/ou dançadas por todos, leitura de poesias, narrativas sagradas, mitos, aforismos, contos ou "causos" inventados, sempre relacionados com a temática da aula;

c) **Apresentação** do tema da aula: conversa sobre os objetivos e atividades a serem realizadas.

2) Reagir é o desenvolvimento da aula, com duração de 35 minutos.

A secundidade da aula é o momento ético, aquele que objetiva provocar mudança de hábitos por meio de problematizações (obstáculos epistemológicos). Embora desenvolvida em um clima de liberdade, a aula deve ter regras que delimitam as ações, como todo jogo, com exigências claras e com tensões cognitivo-motoras. Ao tempo em que se oferece cuidado, incentivo, sugestões de observações e comparações das ações uns dos outros. O professor é um facilitador, mas a situação é exigente, possui "desafio proximal", e conflitos ou anteposições. O objetivo é que todos obtenham êxito, cada um em seu nível. Deve-se evitar um obstáculo que gere o sentimento de incapacidade no aprendente; se ele abandona o desafio, significa que o obstáculo não foi epistemológico, antes foi roubo de uma progressão que poderia realizar.

Esse momento da aula também pode ser apresentado em três subcategorias:

(i) respirar com atenção;

(ii) perceber as (re)ações;

(iii) problematizar.

É a ocasião em que cada sujeito se percebe agindo no entorno, observa a si próprio e o coletivo. Interoceptivo, proprioceptivo e exteroceptivo também poderiam ser as denominações destas subcategorias. Pela perspectiva ecológica de Gibson (1986), a percepção é captação direta da informação que coordena a relação sujeito-ambiente durante a ação. Os órgãos sensórios são os captadores dos perceptos, daquilo que aparece e se força sobre nós, não guiados pela razão. Para Gibson (1986), a informação disponível no ambiente é um padrão de energia que especifica o próprio ambiente, provocando os sistemas de percepção-ação que, ao reagirem, alteram essas mesmas informações. Por exemplo, na movimentação de ataque em um esporte coletivo como o handebol, no momento em que a defesa marca os adversários com vista a um contra-ataque, a situação de movimento mudou, e o padrão de energia foi alterado.

a) *Respirar com atenção*

Trata-se de possibilidades interoceptivas, que proporcionam sensações internas de bem-estar ou mal-estar (inicial), buscando o equilíbrio orgânico (ritmo pulmonar e cardíaco) com a tonicidade muscular em jogos de alongamentos (estiramento, suspensão, postura), flexibilidades (métodos passivo e ativo), respiratórios e movimentos de ginástica integrativa (por exemplo, *Chi yi*, ioga, *Tai Chi Chuan*, exercícios bioenergéticos). A finalidade é aprender a respirar durante os movimentos, sem bloqueios, bem como sentir-se com energia, ter consciência dos processos corporais (autopercepção).

b) *Perceber e Reagir*

São possibilidades proprioceptivas, que ativam os órgãos motores a partir da percepção cinestésica de músculos e articulações em movimento. Compreende a interação com as estimulações musculares (músculos estriados), tendais e articulares, que informam a posição do corpo e articulações de suas partes: equilibrar-se, equilibrar objetos, deslocar-se no espaço, mover partes do corpo pelos diversos sistemas, como segue:

b.1) **Sistema Postural**: preservar o equilíbrio na sua orientação com o solo, como jogos de equilíbrio, danças, brincadeira de estátua;

b.2) **Sistema de Orientação**: situações de movimentos com finalidade de ajustamento postural, para obter informações externas com maior precisão, como jogos sensoriais visuais (tiro ao alvo, tiro com arco), auditivos (acuidade acústica, brincadeiras de roda), jogos ambientais (escaladas, corrida orientada);

b.3) **Sistema Expressivo**: situações de movimentos posturais, faciais e vocais para especificar estados de ânimo e identificadores do indivíduo, como jogos de imitação, jogos rituais, danças (ritualísticas, regionais, modernas, contemporâneas), jogos teatrais (jogos de máscaras, imitações de animais);

b.4) **Sistema Semântico**: situações de movimentos que envolvam sons e falas, como rodas cantadas, cantos, percussão, quadrilhas juninas, danças de salão, danças folclóricas, capoeira;

b.5) **Sistema Locomotivo**: situações de movimentos de aproximação, perseguição, desvio e escape, como jogos tradicionais (pega-pega, por exemplo), jogos de invasão, lutas (jogos de combate, jogos indígenas e esportivos), capoeira;

b.6) **Sistema Apetite**: situações de movimentos que se realizam com trocas ambientais (respiração, alimentação, eliminação e interação), como: ioga; jogos sensoriais: táteis, gustativos e olfativos (por exemplo, cabra-cega, jogos de degustação com olhos vendados para identificar o alimento); esportes náuticos (remo, vela), esportes com raquetes (frescobol, *badminton*, tênis); boliche; esportes com raquetes; *fresbee*; peteca; "esquibunda" ou *sandboard*.

b7) **Sistema Performático**: situações de movimento que se realizam alterando o ambiente para beneficiar o organismo, como: danças, ginásticas com aparelhos, *bicicross*, saltos (em distância e em altura).

c) *Problematizar*

Trata-se aqui de possibilidades exteroceptivas, de identificar as diferentes situações externas que são problemáticas, porque exigem um esquema de ação ainda não adquirido, ou distinto das situações já vividas. Para a percepção do entorno como um todo, as situações de movimento devem exigir leitura do ambiente e da circunstância tática do jogo, requer novos arranjos percepto-motores para improvisar, movimentando-se.

Essa problematização pode orientar-se pela Praxiologia Motriz de Parlebas (2001), modelo teórico que nos auxilia a criar variações das atividades conforme os componentes do sistema praxiológico (companheiros, adversário e instabilidade do ambiente), definidos conforme as regras do jogo. São eles: espaço, tempo, jogadores e implementos. Sobre a variação com o *espaço*: se as informações do meio são instáveis ou estáveis (por exemplo, prática de jogos na quadra e na natureza, respectivamente). Quanto ao *tempo*, podemos criar sequências pedagógicas variando o tempo de jogo (por exemplo, menor tempo de jogo no futsal; menor pontuação no *badminton*). Em relação aos *implementos*, por exemplo, bolas mais leves e cestas maiores no basquete; quanto ao número de jogadores, por exemplo, aumentar de seis para dez os jogadores na quadra de vôlei.

3) Refletir é a parte conclusiva da aula, com duração de 10 minutos.

É a terceiridade da aula, objetivando gerar a consciência de síntese: refletir sobre momento vivido, sendo capaz de conceituar o que viveu. A aula é completada com o aprendente em concentração, construindo, representando e verbalizando a experiência de aprendizagem, como auxílio do mestre, que se entusiasma com a expansão que se evidencia. Este momento pode ser descrito em três subcategorias: representação icônica; verbalização do argumento e rito de encerramento, ou, simplesmente: iconizar, simbolizar e ritualizar.

a) **Iconizar:** representação por qualidade estética

Para a semiótica peirciana, o ícone é um signo que se refere ao objeto, podendo manifestar-se por imagem, diagrama ou metáfora. Esse é o momento em que os aprendentes são convidados a representarem o que aprenderam, com atividades individuais e/ou coletivas. A produção icônica pode realizar-se por diferentes meios, contanto que as sensações/percepções, sentimentos/pensamentos e movimentos/ideias, vividos na aula, sejam representadas. Por exemplo, solicitando aos aprendentes que representem o que aprenderam com desenhos, pinturas, modelagens na argila, composições com objetos, encaixes, construção de maquetes, colagens, *sandplay* (caixas de areia onde se criam cenários com peças em miniaturas).

b) **Simbolizar**: verbalização e argumento

Nesse momento, cada aprendente verbaliza o sentido de sua construção estética, relacionando-o com a aprendizagem da aula, descrevendo os efeitos que a vivência provocou. Assim, a partir do *constructo* da aula, abre-se uma conversação em grupo sobre as aprendizagens, na qual cada um dos aprendentes busca argumentar a verdade de sua proposição. Ao argumentar em grupo, assume-se uma responsabilidade sobre o aprendido, tornando mais fácil retomá-lo em outras ocasiões; ganha-se portanto generalidade.

c) **Ritualizar:** encerramento da aula

O professor escuta atentamente seus aprendentes, e a seguir, entusiasmado e entusiasmando, faz o fechamento com um rito. Um rito simples, repetitivo, como forma de introjeção coletiva do aprendido, comunicação e comunhão social do grupo. Este instante, como no primeiro, deve ser estético, emocional reafirmando a coesão e afirmação intergrupal. Sugerimos saudações, gritos de celebração, ou simplesmente uma calorosa salva de palmas.

No quadro a seguir sintetizamos a estruturação proposta:

Quadro 1. Estruturação da aula em perspectiva semiótica

Experiência de Aprendizagem	Estruturação Didática	Duração aproximada
"Sentir" Primeiridade Momento estético	✔ Sensibilização ✔ Saudações ✔ Poesia ✔ Apresentação do tema	5 min
"Reagir" Secundidade Momento ético	✔ Obstáculos epistemológicos ✔ Possibilidades interoceptivas, proprioceptivas e exteroceptivas ✔ Respirar ✔ Perceber e Reagir ✔ Problematizar	35 min
"Refletir" Terceiridade momento lógico	✔ Generalidade e síntese ✔ Iconizar ✔ Simbolizar ✔ Ritualizar	10 min

FONTE: Elaboração própria

Esta estruturação é provisória, falível e permeada de lacunas, porque está viva. Pode ser implementada e reelaborada por professores-pesquisadores e aprendentes-descobridores. A cada novo público e novo contexto de aprendizagem, pode haver acréscimos e reformulações na organização didática do sentir, reagir e refletir, fundantes. Portanto, apresentamos essa estruturação como uma "obra aberta" a ser completada em cada coletividade pensante.

2. Como organizar o ensino

Ensinar bem consiste em criar contextos favoráveis à aprendizagem, e isso, quanto ao desempenho do professor, depende da sua capacidade de analisar as circunstâncias de cada Situação de Movimento proposta nas aulas de Educação Física, e de escolher e implementar as formas mais adequadas para que delas os aprendentes possam tirar o maior benefício.

De modo que o êxito educativo, em conformidade com as pesquisas que trataram dos indicadores de sucesso na ação do professor (Onofre, 1995; Gauthier *et al.*, 1998; Zabala, 1998; Gauthier; Tardiff, 2011; Gomes-da-Silva, 2009, 2010b), corresponde aos fatores que integram a "vida" no interior da sala de aula (ou da "quadra de aula") onde se desenvolve o trabalho pedagógico, o que em nada diminui a importância dos determinantes sociais, econômicos e políticos.

Para Onofre (1995) o êxito educativo está associado:

(i) ao tempo em que o aprendente passa ocupado com um elevado empenho (motivação/interesse) nas experiências de aprendizagem que o professor destaca como as mais úteis para o seu desenvolvimento;

(ii) à qualidade do acompanhamento do professor no decurso das experiências de aprendizagem;

(iii) ao ambiente afetivo favorável;

(iv) à adequada gestão das aulas.

Nesse cenário de gestão das aulas, Siedentop (1983) propõe quatro dimensões: instrução, organização, disciplina e clima relacional. Adequaremos essa contribuição ao nosso entendimento de Situação de Movimento no contexto da ecologia cognitiva, e destacaremos as estratégias que têm influência no êxito de professores e aprendentes.

Nosso pressuposto é situacional, ou melhor, da corporeidade, como vimos na estruturação da aula. Por isso, consideramos os ambientes gerados na relação dos seres humanos em toda sua conjuntura (espaço, tempo, objetos, histórico-cultural e psíquica-individual).

Denominaremos de "Ecologias do Ensinar", com referência ao trabalho docente de interagir/cuidar de si (ecologia individual), do conhecimento vivido pelos aprendentes (ecologia social) e do meio ambiente como um todo (ecologia ambiental). O trabalho docente é tratar os conhecimentos como envolvimento com a vida em suas diversas instâncias interdependentes: orgânica, motora, psíquica, social.

Sinalizamos inicialmente nossa preocupação com a maneira de viver daqui em diante em nosso planeta, em um contexto de desequilíbrios ecológicos, esgotamento de recursos, injustiças e exclusão social, pobreza, violência, padronização dos comportamentos consumistas e mentalidades obtusas, produzindo subjetividades desenraizadas, estereotipadas, reducionistas e, portanto, patológicas. A nossa perspectiva é tomar a Situação de Movimento, em especial o jogo, como aquela que, tratada pedagogicamente, nos coloca no mundo de modo crítico e criativo em resposta à provocação do próprio mundo, em um processo singularização do ser, que rompe com as homogeneizações ou massificações.

Gauthier *et al.* (1998) identificam seis tipos de saberes que compõem o reservatório de saberes para ensinar. São eles:

(i) Saber disciplinar (conhecimento produzido a respeito do mundo nas diversas disciplinas científicas);

(ii) Saber curricular (seleção e organização dos saberes produzidos, transformando-os em um programa escolar);

(iii) Saber das ciências da educação (conhecimentos contextuais relacionados à profissão);

(iv) Saber da tradição pedagógica (representações prévias do saber dar aulas);

(v) Saber experiencial (aprender por meio das próprias experiências);

(vi) Saber da ação pedagógica (é o saber experiencial dos professores a partir do momento em que se torna público e que é testado por meio das pesquisas realizadas em sala de aula).

Nesse saber da ação pedagógica resolvemos apresentar um modo de organizar o ensino da Educação Física a partir da literatura que apresenta propostas fundamentadas (Onofre, 1995; 2003; Castro; Gomes-da-Silva; Oliveira, 2009; Bezerra *et al.*, 2012; Oliveira; Gomes-da-Silva, 2012; Martiny; Gomes-da-Silva, 2014; Costa; Gonçalves; Gomes-da-Silva, 2017; Florêncio; Gomes-da-Silva, 2017) e do nosso entendimento de Ecologias do Ensino. Nossa tarefa aqui consiste em apresentar essa organização do ensino como instância capaz de apreender a problemática no conjunto de suas implicações.

Auxiliados por Guattari (2011, p. 8), investimos numa articulação ético-política entre os três registros ecológicos: o do meio ambiente, o das relações sociais e o da subjetividade humana, denominados de mental, ambiental e social. Tomamos esses registros como modo de organizar os saberes da ação pedagógica em nossa perspectiva semiótica da corporeidade. Ou seja, sistematizamos orientações para o "ensinar bem" Educação Física a partir de três conjuntos de ações relacionais:

(i) relação com a própria ação docente;
(ii) relação com o outro da educação;
(iii) relação com o ambiente educativo.

Sob a influência das categorias peircianas, a essas três situações de ensino nas aulas de Educação Física, encontradas na pesquisa de Costa, Gonçalves e Gomes-da-Silva (2017), denominamos respectivamente ecologia individual, ecologia social e ecologia ambiental – modos pedagógicos de produzir experiências de aprendizagens.

A *ecologia individual* refere-se ao ser em si mesmo, aos cuidados que o professor deve exercer para consigo nas orientações que emana. São orientações para o professor relacionar-se de modo mais consciente e criativo consigo mesmo, em relação ao seu operar corporal comunicativo, seu modo de mediar os conhecimentos quanto à qualidade da introdução da aula, do acompanhamento das atividades e da avaliação da aprendizagem. Ou seja, trata-se dos procedimentos que visam apresentar as atividades, ajudar os aprendentes a obterem êxito e possibilitar o balanço do saber sobre as atividades vividas na aula.

A *ecologia social* refere-se aos procedimentos orientados para reinventar maneiras de ser no seio da turma e no contexto da sala de aula.

A temática nessa ecologia é o "ser em grupo", daí referir-se ao cuidado do professor em proporcionar práticas com regras construídas socialmente e experimentações de subjetividades coletivas em relação à qualidade da convivência:

✔ dos aprendentes entre si;
✔ do professor com cada um dos aprendentes (individual);
✔ do professor com a turma (coletivo);
✔ dos aprendentes e professor com o conhecimento (Situações de Movimento);
✔ de todos juntos, incluindo os de mais trabalhadores da instituição escolar. A ecologia social orienta-se pela Pedagogia Institucional.

Conforme Andrade e Carvalho (2009), a Pedagogia Institucional surgiu na França, nas décadas de 1950 e 1960, vinculada ao Movimento Freinet e marcada por uma interpretação socialista, pela teoria psicanalítica lacaniana e pela teoria sobre os grupos de K. Lewin. Fernand Oury, seu criador, propôs uma pedagogia estruturada em práticas que organizam processos psicossociais conscientes e inconscientes para a inclusão de crianças e jovens com dificuldades de aprendizagem, comportamentos antissociais ou psicopatologias. Apresenta quatro princípios organizadores do cotidiano escolar. A lei, que implica o reconhecimento e submissão a limites inegociáveis; o lugar, que trata do estabelecimento de papéis e tarefas para cada membro da turma (inclusive professores); o limite, que descreve regras específicas para a convivência na turma e na escola, acordadas e negociadas por todos, sem confronto com as leis fundadoras; e a linguagem, que estabelece o meio pelo qual todas as negociações, interdições e processos de ensino-aprendizagem ocorrem (por exemplo, jornal escolar, assembleias).

A *ecologia ambiental* refere-se ao conjunto de práticas contextuais em relação aos diferentes componentes da Situação de Movimento proposta. Ou seja, são procedimentos orientados para reinventar a sensibilidade, a sociabilidade e a corporeidade no contexto escolar, ao reconhecer a relação com o tempo de aula, espaço de jogo, distribuição dos participantes, com as situações-problemas, com a progressão das atividades, com os conflitos sociais, cognitivos e motores, todos compreendidos como agenciamentos produtivos de subjetividades.

Vamos a seguir especificar cada uma dessas ecologias e suas dimensões, conforme sumariado no Quadro 2, a seguir.

Quadro 2. Ecologias do ensinar

Ecologias do Ensinar	Dimensões
Individual	✔ Na introdução da aula. ✔ No acompanhamento das atividades. ✔ Na avaliação geral das atividades.
Social	*Relação interativa no ensino das Situações de Movimento* ✔ Na relação professor-aprendente. ✔ Na relação aprendente-professor-conhecimento. ✔ Na relação aprendente-professor-outros profissionais-escola. *Relação disciplinar no ensino das Situações de Movimento* ✔ Na construção de "combinados" ou regras de convivência.
Ambiental	✔ Na relação com o tempo da aula. ✔ Na relação com o material. ✔ Na relação com o espaço. ✔ Na relação com a turma. ✔ Na relação com as atividades.

Fonte: Elaboração própria

2.1. Ecologia individual do ensinar

Essa ecologia refere-se à conversação que o professor faz consigo mesmo, ao relacionar-se com o conhecimento a ser ensinado e com o autoconhecimento. Trata-se de um contínuo avaliar-se da qualidade do ensino, ao introduzir, acompanhar e avaliar cada uma das Situações de Movimento. Refere-se à forma como o professor apresenta as atividades, como ajuda os aprendentes durante o tempo em que estão envolvidos na ação, e na forma como realiza o balanço do saber sobre o que foi vivido na aula.

2.1.1. Na introdução da aula

Para otimizar o tempo gasto para transmitir informações à turma, o professor deve utilizar uma linguagem clara e objetiva, ao nível da turma, para que os aprendentes conheçam o tema da aula, relacionem com o objetivo proposto e formulem uma imagem concreta das tarefas a realizar. O professor sempre questiona a turma, para saber se entenderam. Pode utilizar a informação visual, que é retida com maior rapidez pela turma.

No momento da explicação da atividade, o professor revelará empolgação com a Situação de Movimento proposta, prazerosa e desafiadora. Isso atrairá a atenção dos aprendentes, pelo entusiasmo com que a Situação de Movimento é apresentada, bem como pelo timbre da voz, projetando-a no espaço. Para poupar a voz, ou quando a voz não tem alto volume, é possível o uso de recursos visuais, como bandeirolas iguais às usadas na Fórmula 1, instrumento musical, cartões de árbitro de futebol e outros semelhantes.

Também é preciso destacar que a própria presença corporal do professor já é educativa, a roupa que usa tem um poder comunicativo, e sua postura também. A roupa é a primeira identificação. Vemos isso nas pesquisas de Antério e Gomes-da-Silva (2012; 2015), as quais revelam que o uso de roupas codificadas como de "Educação Física" (tênis, calça ou bermuda, camiseta) facilita uma identificação mais marcante com a profissão; e que uma postura tímida trará provavelmente mais dificuldade de comunicação. Na ecologia individual, a introdução da aula abrange desde a roupa usada, a postura adotada e o tom da voz das palavras faladas.

2.1.2. No acompanhamento das atividades

Para manter-se atento à atividade dos aprendentes e interagir com cada um deles para fazer retroações (*feedbacks*), para auxiliar nas dificuldades ou para reforçar os êxitos, o professor precisa posicionar-se em um local do espaço de aula que lhe permita o controle visual da turma, bem como realizar aproximações para interação, através de pequenos deslocamentos. Os deslocamentos pelo espaço devem ser feitos quantas vezes

VAMOS CONVERSAR SOBRE A AULA DE EDUCAÇÃO FÍSICA

forem necessários. Vimos pelas pesquisas de Costa, Gonçalves e Gomes--da-Silva (2017) que o andar do professor já se constitui em uma atitude pedagógica diante da turma.

Se permanecer parado em um canto da quadra, o professor provavelmente ficará imperceptível aos aprendentes, pois sua posição comunica a posição de mero espectador da Situação de Movimento. Ao contrário, quanto mais interage no grupo, deslocando-se para corrigir ações, sugerir ou provocar problematizações, mais sua presença corporal se estenderá na turma. Daí porque são tão importantes as variações no timbre da voz, o movimentar dos braços, os pequenos deslocamentos e, fundamentalmente, o olhar. Descobrimos isso com a pesquisa de Castro, Gomes-da-Silva e Oliveira (2009): a comunicação corporal, tanto na explicação quanto no acompanhamento da atividade, é facilitadora do processo de aprendizagem.

Também compreendemos que a conversação durante a aula, abrindo espaço para ouvir comentários, perguntas, sugestões e sentimentos sobre as atividades realizadas, isso estimula os aprendentes a se tornarem corresponsáveis pelas Situações de Movimento sugeridas. Na ecologia individual do ensinar, a conversação é contínua entre professores e aprendentes, identificando suas dificuldades ou capacidades na realização das atividades.

Melhor se sai o professor quando ele não quebra o ritmo entre uma atividade e outra. Costa, Gonçalves e Gomes-da-Silva (2017) nos sinalizam que é mais adequado haver fluência na passagem das atividades, sem produzir intromissões abruptas. É preciso, antes da interrupção ou da alteração da atividade, certificar-se de que todos os aprendentes já tenham realizado as atividades; daí a necessidade de o professor manter-se atento à quantidade e qualidade da participação.

A fluência na passagem das atividades é tão importante quanto sua não interrupção por qualquer gesto de indisciplina isolado, pois contínuas paradas desestimulam o grupo. E interromper a atividade para fazer reclamações de comportamentos individuais de alguns aprendentes é uma atitude típica de iniciantes na carreira docente (Costa; Gonçalves;

Gomes-da-Silva, 2017). Contudo, quando se percebe que a atividade não gerou empolgação na turma – o que foi proposto está fácil ou difícil demais – deve interrompê-la e passar imediatamente para a seguinte, ou fazer-lhe variação, antes que se concretize a dispersão geral da turma, que já se anuncia nos gestos dos aprendentes (Antério; Gomes-da-Silva, 2012).

2.1.3. Na avaliação geral das atividades

Por fim, na ecologia individual do ensinar, o professor está atento a si mesmo, no seu modo de agir, deslocando-se na sala, falando, gesticulando, ajudando os aprendentes a darem sentido coletivo e significado pessoal ao que estão vivendo na Situação de Movimento. Daí porque estará sempre explicitando a unidade existente entre a aula atual com as aulas anteriores e posteriores, referindo-se à contribuição que cada aula pode trazer para a formação do aluno, e que eles sintam que aprenderam na aula coisas importantes para o contexto de suas vidas. Ou seja, que o professor favoreça, pela conversação no momento final da aula, essa possibilidade de os aprendentes fazerem da situação vivida um pivô para sua condição existencial, e isso acontece ao questionar-se sobre o reconhecimento quanto ao êxito ou dificuldade em termos do alcance do objetivo que foi apresentado no início da aula.

2.2. Ecologia social do ensinar

A ecologia social do ensinar refere-se à relação de convivência estabelecida no ambiente educativo. Na educação escolar podemos pensar essa interação com o outro por meio das relações dos aprendentes entre si, do professor com cada um dos aprendentes e dos aprendentes com as atividades e de todos para com a escola. Uma aula acontece melhor quando há um clima de bem-estar nesses níveis de relação, quando há uma aproximação afetiva positiva (Onofre, 1995). Contudo, o conflito é o motor da inteligência, seja em relação aos obstáculos epistemológicos ou relacionais; aqui nos deteremos sobre os relacionais. Não se deve ignorar os conflitos e o mal-estar que por vezes se instalam nas aulas; veremos como o modo de gerenciar os conflitos é que necessita ser melhor apropriado pelo professor.

2.2.1. Quanto à relação interativa no ensino da Situação de Movimento

Na relação aluno-aluno

Para criar um clima relacional de intimidade e cooperação, os aprendentes precisam deixar de ser "conjunto de aprendentes" para ser "turma" (coletivo), ganharem corpo, sentimento de equipe. A sugestão é reforçar relações de interesses comuns, fazendo-os valorizar a tolerância à diferença, apontando a solidariedade como uma força para vencer as dificuldades, e a cooperação como o caminho para o aperfeiçoamento humano, a partir de situações de trabalho em grupos, nas quais cada membro tenha uma função complementar ao outro (Onofre, 1995).

Na relação professor-aprendente

Trata-se da conquista da simpatia dos aprendentes, sem a qual os processos de ensino-aprendizagem entravam. É preciso haver transferência, sedução, como em um processo analítico; o professor necessita ganhar confiança da turma para poder realizar seu trabalho. Para isso, é importante que seja espontâneo e expresse seu gosto pelo fazer docente, evidencie seu interesse pela aprendizagem dos seus pupilos, e que acredite na capacidade deles.

Um professor que fica a todo momento resmungando de seu salário, dizendo que está cansado da vida de professor, que não suporta mais a sala de aula, não contribui para a criação e manutenção de um clima favorável entre professor e aprendentes. A sedução do professor é sua abertura para a amizade, pelo compartilhar de histórias, por manter um discreto sorriso nos lábios e uma alegria no olhar. E, mais importante de tudo, periodicamente, e sempre que possível, participar corporalmente das atividades propostas.

Para suscitar a confiança dos aprendentes (o que estamos chamando de "sedução"), é preciso dar atenção a todos os aprendentes, com coerência e consistência, sem evidenciar preferências e, ao mesmo tempo, estabelecer uma relação tão personalizada quanto possível com cada um deles, atento aos assuntos de interesse pessoal e chamando-os pelos nomes.

Chamar os aprendentes pelo nome é um procedimento que gera identificação, respeito e valorização. Sugerimos também que é melhor não haver promessas ou ameaças quanto ao comportamento; basta deter-se no contrato pedagógico, mas se o professor prometeu deve cumprir! Também criar ritos de saudação, de olhar nos olhos, de incluir o sorriso, o aperto de mão, e o abraço, quando possível; são procedimentos que fazem parte da relação de confiança entre professor e aprendentes.

Na relação aprendente-professor-conhecimento

Para promover o gosto por realizar uma atividade particular, ou promover o gosto por aprender, aquele professor que diversificar suas atividades terá mais possibilidades de êxito. As situações de movimento propostas devem variar os níveis de complexidade, ao solicitarem vários tipos de emoções e cognições, ao tempo que não pode ser muito difícil nem muito fácil de realizar. Propor atividades novas, porque só se aprende aquilo que ainda não se sabe, mas o desafio deve ser compatível com as possibilidades da turma (vale lembrar da noção de "zona de desenvolvimento proximal", conforme Vigotski), que o professor precisa conhecer bem. E o conhecimento, habilidade e/ou valor tratados na aula precisam ter significados para as vidas dos aprendentes. Não queremos com isso dizer que os significados já estão "prontos", bastando ser transmitidos pelo professor, mas que eles são construídos nos processos de ensino e aprendizagem.

Na relação aprendente-professor-outros profissionais-escola

Estimular uma relação de respeito para com os demais membros da comunidade escolar (porteiro, inspetor, supervisor, psicólogo, secretários, pessoal da limpeza, merendeira, diretor...), propondo estratégias que faça a turma dirigir-se a esses outros profissionais da escola; por exemplo, entrevistando-os sobre suas brincadeiras na infância. Aqui também se inclui o respeito para com o bem comum, o patrimônio público, pago com o dinheiro dos nossos impostos, e que deve ser preservado para que outros tenham também o direito de dele usufruir.

Nesse mesmo sentido, levar a turma a reivindicar melhorias na escola em termos de infraestrutura, material didático-desportivo, laboratórios, espaços para as artes e para as aulas de Educação Física. Fazer que a turma sinta-se corresponsável pela escola em termos de convivência e de espaço preservado, cuidado por todos. É a aprendizagem do bem comum.

2.2.2. Quanto à relação disciplinar no ensino das situações de movimento

Diz respeito ao comportamento de aprendentes e professores de acordo com as regras de funcionamento da aula, tendo em vista desfrutar o prazer e as vantagens de participar de uma aula de Educação Física. Para isso, é preciso que se aprenda a respeitar o espaço do outro, sem deixar de dar expressão à própria maneira de ser com o mundo.

Na construção dos "combinados" ou regras de convivência

A finalidade da construção dos combinados ou regras de convivência é fazer que professores e aprendentes identifiquem, de comum acordo, as características de um comportamento indisciplinado na aula. Sugerimos a "estratégia da pergunta" no início do período letivo. O professor, sentado em roda de conversa com os aprendentes, pergunta-lhes: há desejo de vivenciarem aulas de Educação Física? É prazeroso participar das aulas de Educação Física? Há benefícios em participar das aulas de Educação Física? Quando há positividade nas respostas, passa-se para uma etapa seguinte. Quando não, é preciso despertar o desejo de aprender. E como o jogo é nossa Situação de Movimento privilegiada, logo há o despertamento do desejo com a participação nas atividades da aula.

Então, em caso de positividade das respostas, faz-se um segundo bloco de questionamentos sobre o que atrapalha uma aula de Educação Física e não permite que se usufrua das Situações de Movimento. Depois de identificados os possíveis problemas que obstaculizam a realização das aulas, pergunta-se aos aprendentes sobre como é possível a cada um e ao coletivo ajudarem para que se tenham as aulas de Educação Física que todos desejam. Sejam quais forem as sugestões apresentadas, entendemos que esse procedimento jurídico de estabelecer regras de convivência ajuda, e muito, no diálogo respeitoso entre aprendentes e professor, como corresponsáveis que são pelo cumprimento das regras, tendo em vista a construção do conhecimento e a convivência.

Para fazer que os aprendentes se conscientizem de seu espaço de atuação e dos limites de sua liberdade na aula, sugerimos uma conduta de respeito de cada um para si mesmo, de uns para com os outros, de todos para com os materiais, para com a atividade proposta e para com a escola. O recordatório dos combinados, sempre que necessário, deve ser apresentado ao início das aulas. Mas não podem ser muitas regras, o que dificultaria a memorização. Indicamos no máximo cinco; portanto, devem ser abrangentes, como categorias de comportamento a ser enfatizado.

As regras devem ser expressas de forma acessível, utilizando desenhos e imagens para os menores, e palavras-chave para os maiores. Em nossa experiência, temos afixado as regras na quadra ou, de preferência, na sala de aula, para que fiquem continuamente diante dos olhos dos aprendentes, e se tornem, tanto quanto possível, as regras de convivência trabalhadas por todo o coletivo de professores daquela turma (Gomes-da-Silva, 2009; Bezerra *et al.*, 2012).

Para que os aprendentes sejam verdadeiros na análise de seus comportamentos quando infringem as regras, o professor incentiva que se autoavaliem, como também que a própria turma assuma progressivamente o controle das regras de conduta combinadas e reclame a aplicação das sanções. Depois de um tempo, começaremos a ouvir os próprios aprendentes dizendo do descumprimento das regras pelo colega, e exigindo a sanção correspondente, quando for esse o procedimento adotado.

Para que as sanções aplicadas aos que infringiram as regras não interfiram no gosto dos aprendentes pela Educação Física, é preciso enfatizar os prejuízos para com a aula quando da adoção de comportamentos indesejados. Que não se trata de estar apenas desrespeitando uma regra, mas toda a turma, o professor, e principalmente, prejudicando o acesso ao conhecimento a que todos têm direito. Daí o professor reagir a um comportamento indesejado com convicção e sem hesitação, não utilizando ameaças, mas identificando claramente o comportamento a ser modificado. A turma passa a compreender o conceito de sanção disciplinar, como consequência da prática de uma ação contrária ao preceito de uma norma jurídico-administrativa, a que ele está vinculado em uma relação de subordinação, não ao professor tão somente, mas a toda turma (Andrade; Carvalho, 2009).

Uma das sanções pode ser a suspensão momentânea do aprendente da atividade em que está envolvido, para voltar em seguida após o tempo determinado, sob a condição de estar de acordo com as regras. Sugerimos utilizar o "canto da reflexão", um local a parte, mas sob a vista do professor, em o que o aprendente, em silêncio e sem comunicação com os demais, reflete sobre os danos causados a si mesmo, ao outro e à aula que pertence a todos.

Já para o caso de aprendentes cuja história de vida mostra que a aplicação das regras não é totalmente eficiente, pesquisas e trabalhos pedagógicos (Gomes-da-Silva, 2009; Bezerra *et al.*, 2012) têm demonstrado que o professor deve ter mais um tipo de intervenção disciplinar. Uma sugestão é manter uma conversa amigável, de modo privativo, com o aprendente, em um horário fora da aula, indicando comportamentos particulares a cada vez, para que sejam alterados e que, em uma evolução gradual, este aprendente assuma compromissos de modificação.

Nas regras de convivência, o professor deve deixar claro o que é negociável em termos de conduta, como, por exemplo, o modo de sentar, de ocupar os lugares, de realizar a tarefa, dos horários, das dinâmicas, da sequência das atividades, do modo de avaliação. Do mesmo modo, esclarecer o que é inegociável, como o respeito ao colega, ao professor e ao espaço e material da aula, o esforço de cada um para que a aula seja exitosa em termos de aprendizagem pessoal e coletiva. A regra não é para

VAMOS CONVERSAR SOBRE A AULA DE EDUCAÇÃO FÍSICA

coibir, mas para desconstruir um modo de ser excludente, que tende ao *bullying*, e para trabalhar valores mais inclusivos e integrativos.

Esses combinados podem ser formulados tanto na perspectiva de sanções, quanto na de premiações. Estamos cientes do risco desta sugestão ser rotulada de "comportamentalista", na medida em que utiliza estímulos externos e não apenas motivações internas. Mas para algumas situações este recurso é eficiente. Nesse caso, elegem-se valores a serem observados; por exemplo, respeito ao outro (professor e colegas), às regras do jogo, ao espaço educativo (quadra ou pátio) e aos materiais didático-esportivos. Por exemplo, uma bandeira do Brasil é presa em uma folha de isopor, na qual são afixados alfinetes coloridos com os nomes dos alunos. Inicialmente, são afixados na área de cor verde da bandeira. A cada duas semanas, faz-se uma avaliação coletiva, em uma espécie de "conselho de classe" com os próprios aprendentes e o professor, no qual se realiza a autoavaliação dos "respeitos" acordados. Os aprovados pela maioria passam para a cor amarela, em seguida para a cor azul, e, ao final de dois meses, todos têm a possibilidade de ter alcançado a cor branca que está na faixa central da bandeira brasileira. A cada avanço nas cores, o aprendente ganha uma fita para pôr no braço, da cor correspondente. E cada cor representa posição de prestígio na sala, que acarreta responsabilidades, como conduzir ou recolher o material, organizar o grupo para o momento inicial ou final da aula. Contudo, se o aluno descumpre com o combinado, não realiza a passagem para a outra cor, e se o erro se repete, pode retroceder para a cor anterior.

Procedimentos como esse já foram testados e aprovados em estudos realizados no contexto do estágio supervisionado de cursos de licenciatura em Educação Física em pesquisas-ações (Gomes-da-Silva, 2009; Bezerra *et al.*, 2012), bem como pelas recomendações dos referidos "conselhos de classe", com todos os aprendentes reunidos para tratar de premiar ou disciplinar aquele que cumpriu ou não com as regras de convivência da turma, nos termos da Pedagogia Institucional (Andrade; Carvalho, 2009).

A compreensão dos valores é repetida e aprofundada em todos os dias de aula, assim como as regras e suas sanções ou premiações, para que os aprendentes reconheçam as razões do comportamento exigido e as consequências de descumprir os combinados do grupo. O respeito não significa apenas cumprimento formal da regra, mas o "jogo limpo" (*fair play*), sem tentar ludibriar e "levar vantagem", mesmo quando o adversário e o professor não estejam vendo. A paz é mais do que a não violência (física, verbal ou gestual), mas a própria gentileza para com o adversário, sem o qual não haveria jogo, não seria criada a disputa. É a educação para a convivência.

2.3. Ecologia ambiental do ensinar

Por fim, a ecologia ambiental do ensinar refere-se à relação estabelecida com todos os componentes que constituem a Situação de Movimento: tempo, espaços, materiais, turma, tema e atividades. Portanto, diz respeito à organização da aprendizagem por parte do docente, cujo trabalho será facilitado quando houver na cultura escolar ou familiar dos aprendentes os hábitos de organização. Ou seja, essa ecologia está diretamente relacionada com as vivências na família, quando se tem horários para estudar, fazer as refeições, assistir à TV, brincar, entre outros. Ou, se na própria escola também se preza pela organização, por exemplo, na destinação dos espaços para atividades específicas, no cumprimento dos horários, no rodízio dos assentos na sala de aula – são todos estímulos de organização ambiental.

2.3.1. Na relação com o tempo da aula

Para que se incorporem as rotinas organizativas das aulas é preciso que os aprendentes saibam a estrutura da aula. Tomem consciência, pela vivência contínua, dos momentos da aula, que, como já vimos, estrutura-se em três momentos:

– Primeiro, o 'sentir', que consiste na apresentação do tema e objetivos por meio de poesia, canções, contos, com vistas a despertar o interesse do grupo;

VAMOS CONVERSAR SOBRE A AULA DE EDUCAÇÃO FÍSICA

– Segundo, o 'reagir', apresentando a situação-problema em termos de percepção exteroceptiva e proprioceptiva;

– E, terceiro, o 'refletir', em uma avaliação individual e coletiva da aula, por meio de representação icônica e verbalização.

Seja essa estrutura de aula, seja outra, o importante é ter uma estrutura relativamente estável para que os aprendentes saibam que as aulas sempre começam e terminam de certo modo, pois essa rotina cria uma estabilidade na turma, não deixando os aprendentes ansiosos pelo que virá. Isso não significa fixidez na estrutura de aula, nem muito menos repetição de atividades, porque dessa decorre a monotonia, mas a existência de uma estrutura básica que permitirá o exercício da criatividade no trabalho docente.

Os hábitos dos horários também são importantes para criar essa estabilidade educativa. Para isso, é importante começar e terminar a aula na hora marcada. Repetimos, essa estruturação de rotina de aula e horários não deve ser rígida, porque deve respeitar o tempo do aprendente e da turma para assimilar e realizar as atividades. O professor não deve ter pressa ou rigidez para cumprir horários inflexíveis ou obedecer a rotinas "camisas de força". Também reservar um tempo para conversar, seja no início ou no final da aula, o qual deve ser regulado, para que todos tenham o direito à fala. É também aprendizagem de organização do tempo esperar a sua vez de participar, seja dos jogos ou da conversa, em respeito ao direito de participação de todos, e assim por diante.

A Situação de Movimento proposta será planejada de acordo com o tempo disponível. Se a duração da aula for de 50 minutos, dificilmente será possível realizar mais do que três atividades, considerando a complexidade de cada uma e o nível cognitivo da turma. De modo que não adianta planejar uma série de atividades que não irá se realizar, e só criará ansiedades no professor.

Por outro lado, um planejamento com poucas atividades não é adequado para o 1º ano do Ensino Fundamental, pois crianças de cinco e seis anos se desinteressam rapidamente. Nessas turmas, a aula deve conceder mais tempo para criações e brincadeiras livres, contanto que não se perca o objetivo da aula. Respeitar o tempo é respeitar ao aluno, seu ritmo de aprender, seu tempo de responder.

2.3.2. Na relação com o material

Com a finalidade de criar hábitos de responsabilidade nos aprendentes, uma estratégia interessante é o uso de jogos de competição por equipe: "Quem arruma mais rápido?"; "Quem recolhe as bolas?; "Quem guarda o material?". Com isso, os aprendentes sentem-se reconhecidos pelos seus desempenhos, individuais e em equipe.

Para não dispersar os aprendentes, o material que será usado deve estar disponível ao professor antes de começar a aula, ao tempo que também não pode deixá-lo aleatório, acessível a qualquer um em qualquer momento. Trabalhar com pouco ou nenhum material é difícil, como também com muito material, porque causa dispersão. Seja qual for a situação, o professor deve usar o material com eficiência, levando apenas o necessário e explorando-o ao máximo.

O material só fica inteiramente disponível aos aprendentes quando este é o propósito da aula. Dispor de material variado anima os aprendentes: objetos coloridos, com formas e tamanhos diferentes, trazem um incentivo a mais para as Situações de Movimento. Essas características devem estar presentes nos materiais, sejam eles de fabricação artesanal, sejam construídos pelos próprios aprendentes, como propõe Gomes-da-Silva (2013), sejam de fabricação industrial. Os implementos em boas condições de uso mantêm os aprendentes desejosos de usarem o material na atividade. Uma bola colorida, uma luva de goleiro, uma máscara de monstro, uma bola de sopro, uma corda vermelha, caixas de papelão coberta de papel brilhante... materiais apreciados e que atraem os aprendentes. Podemos também aproveitar objetos de uso doméstico ou materiais recicláveis, bem como a produção de brinquedos populares.

2.3.3. Na relação com o espaço

Para evitar acidentes durante as aulas, é importante realizar um levantamento dos riscos que o local de prática pode oferecer aos aprendentes (buracos ou lombadas no solo, cacos de vidro, quinas salientes...). Depois desse levantamento, é preciso tomar providências para diminuir os riscos e conscientizar os aprendentes sobre cada situação de perigo.

Outra relação interessante com o espaço de aula é explorá-lo durante as atividades nas suas variadas possibilidades de dimensões e planos. Por exemplo, se há uma atividade em fila, que não se ocupe o espaço apenas em uma direção (linear), em um único sentido (para frente) ou em um único plano (baixo). Pois usar as várias dimensões do espaço, sugerir planos ainda não vivenciados durante as atividades requer que os aprendentes lancem mão de outras cognições e esquemas de ação.

O espaço da Educação Física, seja ele um ginásio coberto ou um chão batido, é sala de aula ou "quadra de aula", e o próprio espaço educa, na medida em que o exploramos em suas diversas possibilidades. Quanto maior a exploração do espaço, maior a aprendizagem motora, cognitiva, afetiva e social.

2.3.4. Na relação com a turma

Para chamar a atenção dos aprendentes e reuni-los próximo de si, o professor pode utilizar um sinal de chamamento codificado com a turma, que pode ser palmas, silvos de apito, sons vocais e outros. Esses sinais podem ser utilizados todas as vezes que for preciso reunir a turma, seja para a mudança no decorrer da aula, seja para realizar uma "parada reflexiva" necessária, ou para orientar o grupo quanto a aspectos disciplinares. Contudo, não deve haver abuso desse recurso, tendo em vista a perda da eficiência do gesto comunicativo (Antério; Gomes-da-Silva, 2012; Castro; Gomes-da-Silva; Oliveira, 2009).

A organização da turma já começa, para o professor de Educação Física, no momento de conduzir a turma da sala de aula para o espaço da Educação Física, conforme percebemos na pesquisa de Costa,

Gonçalves e Gomes-da-Silva (2017). É necessário que o professor constitua uma "turma", e não um ajuntamento de aprendentes dispersos, ansiosos por saírem da sala que os impõe à imobilidade. Para melhor conduzir o grupo e não favorecer a dispersão, recomendamos para os dois primeiros anos do Ensino Fundamental, um "trenzinho" com música. Para os maiores, músicas que gostem, como por exemplo, um *rap* que todos saibam cantar. Isso favorecerá a condução do grupo já na condição de "aula", porque já é ambiente significativo, porque está organizado com entusiasmo e participação.

A aprendizagem de organização pode ser facilitada com jogos de agrupamento: atividades em duplas, trios, em equipes fixas e móveis (distribuição de papéis e funções no jogo); em equipes divididas por gênero e mistas. Para além do já habitual exercício dos próprios aprendentes se dividirem para realizar a atividade (por exemplo, "tirar o time" para o jogo), nossa proposta é possibilitar auto-organização. Criar conselhos de classe, como parte da Pedagogia Institucional (Andrade; Carvalho, 2009), com todos os aprendentes reunidos, uma vez a cada quinzena, para tratar dos possíveis temas e conteúdos que gostariam de aprender, é um exemplo.

É preciso fazer o registro de presença na aula; contudo o controle da frequência não deve tomar muito tempo, podendo ficar a encargo de aprendentes ou, ainda, pode-se colocar os nomes em um cartaz, com os dias de aula, para ser marcado pelos aprendentes tendo em vista que passam para irem à quadra ou outro em que acontecerá a aula. Já faz parte da aprendizagem de disciplina para os aprendentes, em relação à ética, não marcar presença de quem está ausente.

A organização também admite algo caos. Ordem e desordem fazem parte da estrutura de equilíbrio. Às vezes, a turma está tão ansiosa por correr, extravasar energia reprimida, que é preciso liberar os aprendentes por um tempo antes de começar a aula. Ou fazer um desafio – "Quem grita mais alto?" – também pode funcionar como linha de fuga do represamento. Movimentar-se livremente por um pequeno período de tempo,

VAMOS CONVERSAR SOBRE A AULA DE EDUCAÇÃO FÍSICA

cerca de três minutos, ou deixar a turma à vontade com o material esportivo por cinco minutos, são medidas que aparentemente geram caos, mas ajudam a manter a organização da turma quando essa está muito agitada. Também podemos em meio à agitação, ainda em sala, fazer exercícios respiratórios antes de dirigir-se para o espaço específico da aula de Educação Física.

2.3.5. Na relação com as atividades

Sugerimos que o professor organize as atvidades das Situações de Movimento em uma progressão, do mais simples para o mais complexo, seja com atividades distintas, seja com variações progressivas em uma mesma atividade. Por isso, a passagem de uma atividade para outra não deve ser abrupta em termos de outras habilidades solicitadas, outro espaço exigido, outro material disponibilizado. É melhor ir progredindo da situação criada para outra distinta em pequenas transições.

As atividades devem guardar semelhanças internas, seja do ponto de visa energético (por exemplo, esforço aeróbico), funcional (por exemplo, habilidades de exploração do espaço, e de manipulação do material) ou ainda tático (por exemplo, jogo de invasão ou de rebatoda). Contudo, sem perder de vista a exigência progressiva do empenho, da intensidade rítmica, da orientação-espaço-temporal, da capacidade de diferenciação do movimento, das pressões de tempo, carga, precisão e variabilidade. Por exemplo, tanto Garganta (2002) quanto Greco e Benda (1998) sugerem mudanças táticas como processo de aprendizagem do esporte.

Sugerimos ainda que, na organização dos conteúdos, a relação entre a Educação Física e as demais disciplinas na escola seja trabalhada por meio de projetos pedagógicos multidisciplinares ou interdisciplinares. O modo de trabalhar as atividades corresponde às características do projeto pedagógico curricular: compartilhado, globalizado, integrativo e participativo. Ou seja, podemos relacionar o ensino de lutas e danças, por exemplo, com conteúdos e temas de outras disciplinas.

Por fim, destacamos que cada uma dessas ecologias do ensinar necessita ser aprofundada, complementada e adaptada segundo as necessidades das Situações de Movimento, da realidade humano-ambiental que é sempre dinâmica, instável e conflituosa.

Agora é sua vez...

Quem não reflete repete! E quem não escreve esquece!

Com base em nossa experiência de professores de Educação Física na Educação Básica, bem como de responsáveis pela disciplina "Estágio Supervisionado/Prática de Ensino" em cursos de licenciatura em Educação Física, apresentamos a seguir algumas provocações para ajudá-lo nos seus procedimentos e condutas docentes.

1) Como você faz para chamar a atenção dos aprendentes que estão desatentos ou fora da aula?

_____

_____

_____

_____

Você usa "psiu"? Ou chama em voz alta, indicando o comportamento inapropriado em meio a turma? Talvez essa não seja a melhor opção. Tente se aproximar destes aprendentes e converse com ele, em voz baixa. E registre aqui o que deu melhor resultado:

_____

_____

_____

_____

2) Você utiliza muitos jogos de eliminar, do tipo, "errou, tá fora"? Se sim, denomine quais os jogos utilizados:

_____

_____

_____

VAMOS CONVERSAR SOBRE A AULA DE EDUCAÇÃO FÍSICA

Reflita se esses tipos de jogos não excluem os menos habilidosos. Talvez possam ser substituído por aqueles que a exclusão seja temporária, com regras prevendo seu retorno ao jogo o mais breve possível. Realize essa alteração e registre aqui se, e como, esse procedimento auxiliou os aprendentes a melhorarem seu desempenho e/ou a criar um jogo mais dinâmico:

_____

_____

_____

_____

3) Há um ou mais aprendentes em suas turmas que apresentam potencial para serem líderes? Quais são suas características? Enumere-as aqui:

_____

_____

_____

_____

Lembre-se de que esses "líderes" são importantes para o processo de aprendizagem social, conforme explicou Bandura (2008), pois os demais alunos os observam muito e aprendem com eles. Então, como você age em relação a eles: dá liberdade de atuação ou restringe seu espaço na aula? Por quê?

_____

_____

_____

_____

Sugerimos que você, professor ou professora, estimule a liderança destes aprendentes (assim como dos demais), no sentido de assumir responsabilidade, que tenham condições de assumir. Faça o registro aqui de como você tem estimulado a liderança em sua "quadra de aula":

_____

_____

_____

_____

Vamos conversar sobre a aula de Educação Física

4) Você investe mais em Situações de Movimento que demandam atividades em grupos ou individuais? Por exemplo, na última semana quantas atividades individuais e em grupo aconteceram nas suas aulas? Você consegue justificar suas escolhas?

_____

_____

_____

_____

Quando propõe Situações de Movimento em grupo (por exemplo, jogos coletivos com bola), você valoriza uma formação heterogênea dos grupos, com aprendentes mais habilidosos e com maior facilidade de aprendizagem misturados com aqueles com maiores dificuldades? Por que **sim** ( ) ou por que **não** ( )?

_____

_____

_____

_____

Durante as aulas, você estimula os aprendentes mais avançados nas habilidades que são requeridas nas Situações de Movimento a ensinar aos menos habilidosos, ou você acredita que isso retira sua autoridade? Por que **sim** ( ) ou por que **não** ( )?

_____

_____

_____

_____

5) Você lança mão de incentivos verbais, como: "você consegue!"; "você é capaz!", estimulando a experimentação própria e possibilitando caminhos de solução individual ao aprendente e/ou grupo? Por que **sim** ( ) ou por que **não** ( )?

_____

_____

_____

_____

VAMOS CONVERSAR SOBRE A AULA DE EDUCAÇÃO FÍSICA

6) Sabia que apenas seu olhar pode auxiliar ou dificultar no processo ensi-no-aprendizagem, **sim** ( ) ou **não** ( )? Você já prestou atenção que tipo de olhar você dirige aos seus aprendentes? Se sabe dizer, descreva-os aqui com adjetivos (por exemplo, "bravo", "emocionado", entre outros):

_____

_____

_____

_____

Se não sabe, porque nunca prestou atenção, então pergunte a seus pupilos: como meu olhar chega até vocês: incentivo, reprovação ou indiferença (use outras palavras semelhantes, se julgar necessário)? Se predominar "repro-vação" ou "indiferença", sugerimos que você faça uma reflexão sobre isso e a registre aqui.

_____

_____

_____

_____

7) Assim como sobre o olhar, também lhe perguntamos: você consegue per-ceber como se posiciona corporalmente durante as aulas? Mais próximo ou mais distante dos aprendentes?

_____

_____

_____

_____

Seus gestos são mais de repreensão ou de incentivo? Por exemplo, quan-tas vezes você já aplaudiu seus aprendentes nas últimas duas sema-nas?_____ E quantas vezes, você os repreendeu? _____

8) Quais são os espaços e os materiais que você mais utiliza em suas aulas? Relacione-os a seguir

_____

_____

> **9)** Os espaços e materiais disponíveis produzem algum prejuízo em suas aulas? Quais espaços e materiais seriam necessários para que suas aulas sejam melhores?
>
> _____
>
> _____
>
> _____
>
> _____
>
> **10)** Há espaços e/ou materiais na sua escola que você pouco ou nunca utiliza? Por quê? O que seria necessário para que você passasse a utilizá-los?
>
> _____
>
> _____
>
> _____
>
> _____

Por fim, depois de todas as sugestões e reflexões já apresentadas neste capítulo, lembramos do alerta feito por Gomes-da-Silva (2012c) a partir de uma perspectiva semiótica: os processos didáticos na Educação Física são uma experiência *vívida*, que se dá no "aqui-agora", portanto, envolvem acaso e imprevisibilidade. E o que isso demanda ao professor? Que esteja atento aos signos, ao que os aprendentes "dizem" a cada momento por meio de movimentos, palavras, ações e inações. O professor precisa aprender a interpretar os signos, para poder intervir de modo pedagogicamente produtivo (quer dizer, "significativo"). Isso nos conduz ao tema da *avaliação*, sobre o que falaremos no próximo tópico.

3. Por que, o que e como avaliar

Por que avaliar? O que avaliar? Como avaliar na Educação Física? Como acessar a aprendizagem das crianças e jovens para as quais ensinamos

VAMOS CONVERSAR SOBRE A AULA DE EDUCAÇÃO FÍSICA

algo? Certamente você, professora ou professor, independentemente de ser não especialista em Educação Física, já se fez essas perguntas muitas vezes. Se não conseguiu respondê-las com segurança, não se admire! Não há respostas fáceis para elas. Isso porque a Educação Física passou por muitas mudanças desde o final da década de 1980 no Brasil, com novas proposições de finalidades, conteúdos e estratégias, as quais buscaram romper com práticas e concepções superadas pelas rápidas mudanças socioculturais que vivemos nos últimos tempos. Contudo, as reflexões e propostas concretas sobre avaliação não acompanharam essas transformações na mesma velocidade.

Aliás, é o que dizem estudiosos do tema também sobre a educação em geral: os processos de avaliação disponíveis são ainda escassos com relação às abordagens pedagógicas mais progressistas.

De fato, a avaliação reflete a concepção de educação explícita ou implícita nos projetos político-pedagógicos das escolas; por isso afirmou Gimeno-Sacristán (1998, p. 295): "Estudar a avaliação é entrar na análise de toda a pedagogia que se pratica".

Então, o desafio que agora colocamos é como pensar uma avaliação coerente com os princípios da perspectiva semiótica que aqui defendemos. Como avaliar a tríade "sentir-reagir-refletir"?

Ao assim redigir essa questão inicial, já indicamos uma resposta sobre o que avaliar. Não iremos propor a avaliação do "conteúdo"; não são os jogos que devem ser avaliados, mas sim a experiência de aprendizagem dos aprendentes. Ou, em outro modo de dizer, o professor é intérprete dos aprendentes em suas singularidades, não dos conteúdos ou atividades que propõe (Gomes-da-Silva, 2010a). E já sabemos que qualquer experiência humana não pode ser acessada diretamente por outrem (o professor, por exemplo). Só pode ser acessada por meio dos signos; ou melhor dizendo, pela interpretação dos signos evidenciados na ação ou inação dos aprendentes.

Mas com as semioses se produzindo a todo vapor nas aulas de Educação Física, para o que deve o professor atentar quando pretende avaliar os apren-

VAMOS CONVERSAR SOBRE A AULA DE EDUCAÇÃO FÍSICA

dentes? Eis o grande desafio! Todavia, esta questão não é nova nem exclusiva de uma proposição semiótica, já que avaliar é realizar um julgamento de valor a partir de dados relevantes para a tomada de decisões (Luckesi, 1994).

Então, nosso ponto de partida será o diálogo com parte da literatura já posta sobre avaliação, e nesse processo dialogal iremos construindo nossa proposição de avaliação em perspectiva semiótica.

Mas, antes, vamos relembrar como foram as suas experiências de avaliação quando aluno ou aluna nas aulas de Educação Física durante a Educação Básica. Para tal, novamente propomos a seção "Agora é sua vez..." Acreditamos que essa rememoração e reflexão poderá ajudar na compreensão do seguimento deste tópico.

Agora é sua vez...

Quem não reflete repete! E quem não escreve esquece!

A Educação Física é componente curricular obrigatório no Brasil há muitas décadas. Então, em algum momento da sua escolarização você teve aulas de Educação Física.

As questões a seguir têm por objetivo provocar sua memória e suas reflexões sobre como eram os processos avaliativos que você vivenciou na Educação Física na Educação Básica. Responda às questões que conseguir.

1) Você se lembra dos procedimentos de avaliação utilizados nas aulas de Educação Física? Quais eram? Descreva pelo menos um deles, que mais o(a) marcou. Ou não havia nenhum procedimento explícito de avaliação, quer dizer, seu professor ou professora não avisava sobre os momentos em que você e seus colegas seriam formalmente avaliados? E, se não havia, a que causas atribui isso?

2) Qual era sua reação sendo submetido a esse procedimento? Experimentava uma sensação de sucesso ou frustração? Tinha medo de cometer erros ou não se importava com isso?

_____

_____

_____

_____

3) Você conseguia entender por que a professora ou professor lhe atribuía determinada "nota" ou "conceito" na Educação Física? Você conseguia compreender os critérios adotados? Esses critérios eram explicitados pelo docente? Se "sim", quais eram?

_____

_____

_____

_____

4) Em sua opinião, os procedimentos realmente avaliavam o que você tinha aprendido nas aulas? Por que **sim** ou por que **não**? Apenas aspectos físicos e motores eram avaliados, ou também outros tipos de aprendizagem?

_____

_____

_____

_____

5) Para você, a Educação Física deve poder "reprovar", quer dizer, ser levada em conta no momento de decidir pela promoção ou não dos aprendentes para o ano escolar seguinte? Por que **sim** ou por que **não**?

_____

_____

_____

_____

3.1. Os princípios da avaliação

Os estudiosos do assunto consideram que a avaliação implica as categorias de:

(i) **totalidade:** o processo de avaliação não deve ser isolado dos demais processos educativos;

(ii) **mediação:** há um processo mediador entre a conduta observada do aluno e o valor que lhe é atribuído.

A totalidade refere-se ao fato de que qualquer proposição de avaliação exige integração ao processo global, não pode ser um momento apartado do processo de ensino-aprendizagem. Os procedimentos avaliativos devem ser coerentes com os objetivos, conteúdos e métodos de ensino. Ou seja, precisam estar integrados às ecologias individual, social e ambiental, que são modos pedagógicos de produzir experiências de aprendizagens, como já explicitamos no item anterior.

Os métodos de ensino adotados pelo professor são determinantes dos indícios selecionados que ele seleciona para, a partir deles, chegar a um julgamento de valor. A mediação, que transforma as informações disponíveis (geralmente condutas ou trabalho materialmente observável dos aprendentes) em valorações qualitativas ou quantitativas é um processo cognitivo-profissional peculiar a cada professor, cujos critérios não são facilmente explicitáveis, porque envolvem a mediação de crenças e valores, e assim exigem um amadurecimento geral do pensamento do professor (Gimeno-Sacristán, 1988). Ademais, também para Gimeno--Sacristán, é preciso considerar que a capacidade que tem um professor para gerar e interpretar informações provenientes do contexto educativo é limitada; a informação mais útil é aquela que ele próprio pode manejar e integrar nas decisões que toma conscientemente.

Contudo, há aí uma contradição. Como já dissemos ao início deste tópico, os processos de avaliação disponíveis na educação escolar ainda estão aquém das abordagens pedagógicas mais progressistas, as quais propõem a avaliação da totalidade do aprendente, considerando não são apenas o rendimento intelectual, mas também as dimensões afetiva, social e corporal (Lüdke; Mediano, 1992). Ou seja, houve na educação escolarizada uma ampliação do que se considera objeto da avaliação, o que, em contrapartida, dificulta sua realização prática e exige professores melhor preparados (Gimeno-Sacristán, 1988).

Esse diagnóstico aplica-se perfeitamente à Educação Física. Ora, se os processos de avaliação disponíveis estão defasados, então é preciso avançar! É o que faremos a seguir em uma perspectiva semiótica, e queremos contar com sua ajuda, professor e professora!

3.2. O OBJETO-EXPECTATIVA DE APRENDIZAGEM

Gimeno-Sacristán (2000, p. 298) adota uma definição ampla de avaliação, a qual compartilhamos: avaliar refere-se a qualquer processo por meio do qual características de um aprendente ou grupo de aprendentes, de um ambiente educativo, de objetivos educativos, de materiais, professores/as, programas, entre outros, são analisados e valorados "em função de alguns critérios ou pontos de referência para emitir um julgamento que seja relevante para a educação".

Portanto, a função da avaliação não é em primeiro lugar atribuir notas/conceitos aos aprendentes, de modo a decidir pela sua "aprovação" ou "reprovação", nem se refere apenas a eles, mas a tudo que envolve os processos de ensino e aprendizagem. Entendemos que o propósito último da avaliação é servir à problematização e ao aperfeiçoamento da prática pedagógica. É fornecer subsídios para a reflexão docente. Para tal, as estratégias avaliativas devem proporcionar oportunidades para observar e escutar os aprendentes.

E quais seriam os "critérios ou pontos de referência" citados por Gimeno-Sacristán (2000) quando pensamos na Educação Física em perspectiva semiótica, ou seja, como linguagem? Não podem ser – como na Educação Física inspirada no desenvolvimentismo motor ou na aptidão físico-esportiva – os modelos ou padrões de desempenho predeterminados por uma suposta normalidade biológica ou estatística na qual todos os aprendentes devam se enquadrar.

Quando pensamos na tríade sentir-reagir-refletir, é bastante claro que cada um de nós sente e reage de modo diferente nas diversas situações que vivemos. Não é diferente nas situações de movimento propostas pela Educação Física, ou mesmo em qualquer outro componente curricular. Evidentemente, é imprescindível que o professor tenha um "norte" para orientar o ensino, indicado pela "bússola" do projeto político-pedagógico da escola e por seu planejamento de ensino. O professor precisa ter claro o que pretende ensinar, qual sua intencionalidade pedagógica. Mas entre o que o professor intenciona e o que o aprendente de fato aprende sempre existe alguma diferença.

Avaliar exige acessar e avaliar a aprendizagem dos aprendentes. E o que isso quer dizer? Não se trata de classificar o aprendente em algum lugar de uma escala numérica que vai do "aprendeu tudo" (nota 10!) ou "não aprendeu nada" (nota zero!). Como já dissemos, a Semiótica nos ensina que não é possível acessar diretamente a aprendizagem, senão por meio dos signos que a podem indicar ou representar nos processos de significação.

Então, uma perspectiva semiótica de avaliação deve tratar dos *processos de* significação ou fluxo das semioses produzidas pelos aprendentes, desencadeadas a partir do que propõe o professor como objeto de ensino (relativo a um conteúdo ou tema), acerca do qual os currículos oficiais, o projeto político-pedagógico da escola e o planejamento específico constroem uma expectativa de aprendizagem. A isso denominaremos Objeto-Expectativa de Aprendizagem (OEA), geralmente expresso nos planejamentos de ensino na forma de objetivos ou direitos de aprendizagem, ou ainda como habilidades e/ou competências.

Lembramos, porém, que tal expectativa de aprendizagem pré-definida pode ou não, e em graus diversos, coincidir com a expectativa de aprendizagem do professor em relação às suas diversas e singulares turmas de aprendentes.

E o que queremos dizer com "Objeto-Expectativa de Aprendizagem" na lógica da semiótica peirceana? Que a "Expectativa" é Primeiridade, mera possibilidade, qualidade que se espera alcançar (sentir); "Objeto" é Secundidade, pois demanda relação, conflito, ação e reação, qual seja, encontro e confronto do aprendente com o "conteúdo", o qual apenas se concretiza na relação vívida com um ser aprendente (reagir); e por fim, a "Aprendizagem" é Terceiridade, é generalização, representação, aquisição de conceito, mudança de conduta (refletir).

Vamos supor, então, um OEA, representado na Figura 7 pelo "alvo" amarelo e laranja. É onde se pretende chegar, é a expectativa de aprendizagem. Vamos imaginar dois aprendentes, o menino "A" e a menina "B", os quais, porque são pessoas singulares, diferentes um do outro em alguma medida, partem de pontos diferentes (a' e b') ao início do processo de ensino-aprendizagem estimulado pelo OEA sugerido pelo professor.

O que ocorre então? A e B constroem diferentes semioses em seus processos de aprendizagem, e podem também alcançar resultados diferentes (posições A' e B') em termos de aquisição de conceitos e modificação de condutas, que podem estar mais ou menos próximo do OEA, em um dado momento temporal. Ora, o que aqui estamos falando fundamenta algo que todos os professores e professoras já sabem: os alunos têm diferentes ritmos de aprendizagem, uns aprendem mais rápidos, outros demoram, e isso também pode variar em função da Situação de Movimento em questão. Trata-se, enfim, de entendimento coerente com o Princípio da Adequação aos Aprendentes, que já vimos no Capítulo II.

Figura 7. Objeto-Expectativa de Aprendizagem e Avaliação

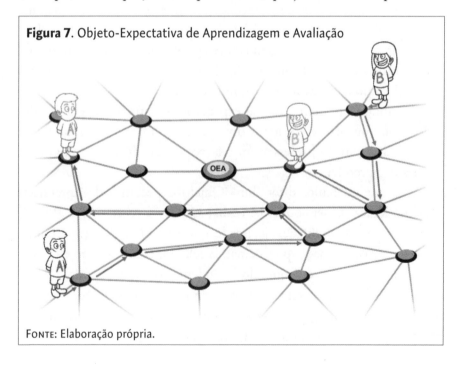

Fonte: Elaboração própria.

A limitação da avaliação "tradicional" é que ela valora de modo muito mais positivo o aprendente que alcança a posição mais próxima à expectativa inicial de aprendizagem, desconhecendo o processo, os avanços individuais e as aprendizagens não previstas.

Esse nosso entendimento de avaliação é também congruente com Zabala (1998), para quem a avaliação deve estar sempre referida às aprendizagens dos alunos, mesmo quando foca outros aspectos (por exemplo, material didático, ambientes, programas de ensino, entre outros). Na mesma direção, Elliott (1993) entende que a base da avaliação do ensino está nos dados do processo mais que do produto, e o aluno se constitui na fonte fundamental desses dados.

Portanto, a avaliação precisa considerar as singularidades dos aprendentes em relação aos seus pontos de partida, seus fluxos de semioses e suas possíveis aprendizagens diante da expectativa inicial. Os aprendentes possuem diferentes repertórios culturais e motores, interesses, características físicas, entre outros. Não se pode exigir que todos percorram o mesmo caminho e alcancem os mesmos resultados: é o que a imagem a seguir ilustra criticamente.

Tais constatações e reflexões nos levaram a formular algumas orientações gerais que devem presidir os processos avaliativos em Educação Física:

– Reconhecer o que os aprendentes já sabem;
– Valorizar aprendizagens não previstas;
– Permitir que os aprendentes identifiquem suas dificuldades e progressos;
– Utilizar diferentes estratégias avaliativas, com registros em vários sistemas de signos (escrito, oral, desenhos, vídeos);
– Incluir avaliações individuais, em duplas ou pequenos grupos, e coletivas
– Privilegiar a autoavaliação;
– Avaliar no curto, médio e longo prazo.

A seguir trataremos dos diferentes tipos de avaliação: diagnóstica, formativa ou integrativa, e somativa.

3.3. Avaliação diagnóstica, formativa/integrativa e somativa

3.3.1. Avaliação diagnóstica

(Re)conhecer o ponto de partida dos aprendentes em relação a certo OEA é avaliação diagnóstica – seus saberes prévios, suas expectativas, entre outros exemplos. Mas não se trata de apenas o professor diagnosticar os aprendentes apenas a partir do próprio ponto de vista exterior, com base em indicadores (qualidade dos gestos, condutas sociais, capacidade de cooperar, entre outros) que são apenas de seu conhecimento, como quem coleta dados de modo supostamente objetivo. É preciso também que os próprios aprendentes (re)conheçam seus pontos de partida em relação aos OEA.

3.3.2. Avaliação formativa ou integrativa

A avaliação formativa ou integrativa é a que deve ocorrer ao longo do processo de ensino e aprendizagem, "como um processo natural de informação sobre o que acontece, que utiliza múltiplos recursos" (Gimeno-Sacristán, 2000, p. 340); ou seja procedimentos "formais" ou explícitos ou "informais" de avaliar. Depende das capacidades dos professores compreenderem situações, reações dos alunos, níveis de realizações, dificuldades que apresentam, entre outros. A avaliação é formativa porque considera que o processo avaliador "tem que observar as diferentes etapas de uma intervenção que deverá ser estratégica" e possibilitar "uma compreensão e valoração sobre o processo seguido, que permita estabelecer novas propostas de intervenção" (Zabala, 1998, p. 201).

Então, retomando a Figura 7, página 170, a avaliação integrativa/formativa é central, porque busca evidenciar e valorar o caminho percorrido pelos nossos dois alunos imaginários, A e B.

Sugerimos acompanhar os "caminhos" dos aprendentes por meio da observação das suas condutas durante as atividades; pelas discussões nas rodas de conversa ao final de cada aula; pela aplicação de questionários com questões abertas e fechadas, *checklists* e escalas de atitude; pela produção de desenhos, textos e vídeos por parte dos aprendentes.

Essas e outras possíveis estratégias de avaliação devem resultar em registros sistemáticos, que também podem alimentar a comunicação e discussão com os demais professores da escola. Uma avaliação assim é contínua, dedicada tanto a reconhecer o desenvolvimento de cada aluno, quanto para emitir um parecer geral da turma, compreendendo suas limitações e potencialidades. Para isso, o professor deve realizar registros e obter *feedback* dos próprios aprendentes, em especial por meio da autoavaliação, estratégia que deve ser privilegiada, insistimos.

3.3.3. Avaliação somativa

Para Luckesi (s.d.), a palavra "somativa", implica "somar", ou seja, partes que se juntam para formar um todo, o que se relaciona com a tradicional concepção das "médias" e dos "exames finais", com finalidades classificatórias. Prefere então denominar a avaliação somativa como "resultados finais" de uma ação, que serão satisfatórios na medida em que são construídos ao longo da ação pedagógica.

Então esse resultado final, na perspectiva semiótica que adotamos, é a posição dos aprendentes em relação ao OEA em um dado momento do fluxo da semiose. E já que esse fluxo da semiose é contínuo, este momento de avaliação do "resultado final" acaba sendo definido por uma decisão arbitrária, seja por parte professor e/ou do calendário letivo (por exemplo, ao final de cada bimestre ou de um conjunto de aulas dedicado a certo conteúdo-temático). Por isso, é importante que os aprendentes tenham também alguma oportunidade para escolher momentos em que gostariam de ser avaliados.

É também fundamental informar aos aprendentes quais são os momentos de avaliação "final" em dado momento do processo de ensino-aprendizagem, e quais aspectos serão avaliados e transformados em conceito. Os aprendentes precisam conhecer os critérios de avaliação, para que também possam se autoavaliar.

O fluxo da semiose não deveria ser interrompido pela "avaliação somativa". É oportuno lembrar que os tradicionais procedimentos de avaliação como a "prova bimestral" ou o "exame final" tendem a interromper a semiose, e portanto o fluxo do processo de aprendizagem. Muitas vezes, o aprendente "faz a prova" e logo a tudo esquece, como uma espécie de mecanismo psicológico de defesa de uma experiência desagradável, que não lhe desafiou a prosseguir na aprendizagem, mas apenas obter uma boa nota, passar de ano, evitar sanções familiares e escolares...

Quem de nós não vivenciou isso ao longo da trajetória escolar, ou não percebeu em alguma oportunidade sua ocorrência no contexto escolar? Então, entendemos que qualquer procedimento avaliativo deve constituir-se como mais uma oportunidade de aprender.

3.4. Pauta avaliativa

Sugerimos a seguir alguns aspectos que podem pautar a avaliação, tanto na dimensão coletiva (de uma turma) quanto individual, tanto do ponto de vista do professor quanto dos aprendentes:

a) O que gostariam de aprender nas aulas?

b) O que mais gostam e o que menos gostam nas aulas?

c) Que jogos já conhecem?

d) Em quais aspectos e em que nível (baixo, médio, alto; sempre, nunca, às vezes...) os aprendentes apresentam dificuldades ou facilidades de aprendizagem? Em quais deles apresentaram progresso?

d1) qualidade dos gestos (coordenação, precisão, velocidade, entre outros);

d2) capacidade de (auto)organização;

d3) compreensão da lógica interna dos jogos;

d4) cumprimento das regras combinadas;

d5) colaboração;

d6) resolução de conflitos;

d7) estratégias nos jogos (ataque, defesa, entre outros);

d8) variação e criação de jogos.

Esta pauta poderá servir de base para que você, professor e professora, elabore estratégias e instrumentos avaliativos, nos momentos de avaliação diagnóstica, formativa/integrativa e somativa.

Agora é sua vez...

> **Quem não reflete repete! E quem não escreve esquece!**
>
> A partir da sua experiência e criatividade, apresente sugestões de estratégias avaliativas, indicando qual é o Objeto-Expectativa de Aprendizagem e qual o tipo de avaliação (diagnóstica, formativa/integrativa ou somativa):
>
> _____
>
> _____
>
> _____
>
> _____
>
> _____
>
> _____

VAMOS CONVERSAR SOBRE A AULA DE EDUCAÇÃO FÍSICA

3.5. Aproximação de avaliação e aprendizagem

A proposição de avaliação que aqui apresentamos não exclui antecipadamente qualquer estratégia avaliativa, mesmo as tradicionais provas escritas, ou testes de desempenho físico-motores cujos resultados são expressos quantitativamente, ou de avaliação qualitativa dos gestos. Porque a semiótica peirceana favorece antes a inclusão do que a exclusão prévia de procedimentos didáticos. De todo modo, nos momentos em que realiza qualquer tipo de avaliação formal e explícita, o professor deve explicar aos aprendentes o porquê e a sua importância para o desenvolvimento do trabalho pedagógico.

O mais importante é que essas e outras estratégias avaliativas estejam integradas às ecologias do ensinar, e assim contribuam para o (auto) conhecimento dos aprendentes a respeito de suas dificuldades e sucessos de aprendizagem, que os ajudem a darem sentido coletivo e significado pessoal ao que vivem nas aulas de Educação Física. E, por fim, que contribuam para a (auto)crítica do professor, ao apresentarem indícios do "sentir, reagir e refletir" dos aprendentes, para que assim melhore suas aulas, repense seu planejamento de ensino, justifique suas decisões coerentemente, acompanhe com segurança os progressos e dificuldades de suas turmas.

Então, ao longo do processo de ensino, avaliação e aprendizagem podem se aproximar progressivamente até que, no limite teórico, não mais se distingam (Betti, 2013). É o que está ilustrado na Figura 8:

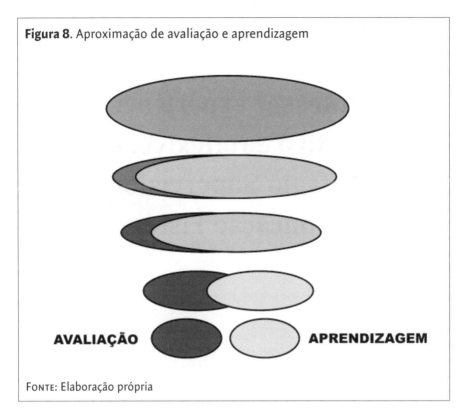

Figura 8. Aproximação de avaliação e aprendizagem

Fonte: Elaboração própria

Ou seja, queremos dizer que os momentos de avaliação devem ser também entendidos como momentos de aprendizagem, como parte do fluxo das semioses produzidas por professores e aprendentes.

Mais além, os destinatários dos resultados da avaliação também devem incluir outros partícipes da comunidade escolar (gestores, docentes de outras disciplinas, funcionários), bem como as famílias dos aprendentes, de modo a aperfeiçoar o processo pedagógico em suas várias dimensões, e a todos comprometer com as experiências de aprendizagem das crianças.

IV

Professor experiencial, colaborativo e reflexivo: método para o Estágio Supervisionado em Educação Física

Logo ao abrir este capítulo, explicitamos nosso entendimento de que o Estágio Supervisionado não é apenas mais um componente curricular dos cursos de licenciatura, ou uma exigência burocrática que se resolve preenchendo alguns papéis que serão legitimados mediante a simples assinatura aposta por esta ou aquela autoridade educacional. Ao contrário, para nós os estágios supervisionados constituem momentos e comportam processos cruciais para a construção da identidade do professor, para a compreensão crítica e sensível dos contextos escolares, para a aquisição de experiência profissional e para o desenvolvimento de saberes docentes.

É com essa expectativa que este capítulo terá como referência principal nossa experiência como professores de Estágio Supervisionado em Educação Física nos cursos de licenciatura em universidades públicas, ao longo das últimas três décadas. A ela somam-se outros estudos, de nossa autoria ou orientação acadêmica, sobre formação de professores, seja inicial (Gomes-da-Silva, 2009; Martiny; Gomes-da-Silva, 2014; Castro;

Gomes-da-Silva; Oliveira, 2009; Mendes, 2016) ou continuada (Camilo; Betti, 2010; Camilo, 2012; Florêncio; Gomes-da-Silva, 2015). Estamos aqui movidos pelo intuito de refletir sobre o papel do Estágio Supervisionado no processo de formação inicial de professores de Educação Física, em consonância com a abordagem semiótica que elegemos.

> Referimo-nos, sobretudo, à Lei n. 9.394, de 20 de dezembro de 1996 (LDBEN/1996), que estabeleceu as diretrizes e bases da educação nacional, e que desde sua promulgação sofreu diversas alterações; e à Resolução n. 2, do Conselho Nacional de Educação, de 1º de julho de 2015, que define as diretrizes curriculares nacionais para a formação inicial em nível superior e para a formação continuada.

O Estágio Supervisionado é componente obrigatório da organização curricular de todos os cursos de licenciatura, conforme a legislação que orienta a formação inicial de professores no Brasil, a qual o valoriza sobremaneira, inclusive como forma de interação e colaboração entre as instituições de Ensino Superior e a Educação Básica. Mas não foi sempre assim. Por isso, inicialmente discorreremos de modo sucinto sobre alguns aspectos legais e históricos do Estágio Supervisionado.

1. Da imitação à reflexão: concepções e diretrizes legais do Estágio Supervisionado

A Resolução n. 2/2015 do Conselho Nacional de Educação, em seu § 6º do art. 13, determina a obrigatoriedade do Estágio Supervisionado nos cursos de licenciatura, definindo-o como "uma atividade específica intrinsecamente articulada com a prática e com as demais atividades de trabalho acadêmico" (Brasil, CNE, 2015). Já a Lei de Diretrizes e Bases da Educação Nacional – LDBEN (Lei n. 9.994/1996) prevê, em seu art. 61, "a associação entre teorias e práticas, mediante estágios supervisionados e capacitação em serviço" como um dos fundamentos da formação dos profissionais da educação.

> Conforme o inciso II do parágrafo único incluído na LDBEN/1996 pela Lei n. 12.014, de 2009 (Brasil, 2009).

PROFESSOR EXPERIENCIAL, COLABORATIVO E REFLEXIVO: MÉTODO PARA O ESTÁGIO SUPERVISIONADO EM EDUCAÇÃO FÍSICA

O modo como estão redigidos estes dispositivos legais representam grande avanço, sobretudo se considerarmos que apenas em 1962 o Conselho Nacional de Educação definiu a "Prática de Ensino" como componente curricular obrigatório, que deveria ser desenvolvido em escolas, sob supervisão de professor designado. O estágio ficou então vinculado à ideia de "prática de ensino", entendida como aplicação das teorias, como treinamento prático, como imitação de modelos didáticos considerados positivos (Pimenta, 2001).

A partir da LDBEN, que vem sendo frequentemente reformulada, a formação de professores no Brasil tomou novos rumos, seja por iniciativa do Conselho Nacional de Educação ou do próprio Ministério da Educação. Um dos aspectos que precisamos destacar neste redirecionamento é a valorização do Estágio Supervisionado e do próprio conceito de "prática" na formação docente, entendida de modo mais amplo no Parecer CNE/CP n. 9/2001 (BRASIL, CNE, 2001) como "uma dimensão do conhecimento que tanto está presente nos cursos de formação nos momentos em que se trabalha na reflexão sobre a atividade profissional, como durante o estágio, nos momentos em que se exercita a atividade profissional.".

Já a Resolução CNE/CP n. 2/2015 prioriza a articulação teoria-prática como central na formação docente, a qual:

> Deverá ser garantida, ao longo do processo, efetiva e concomitante relação entre teoria e prática, ambas fornecendo elementos básicos para o desenvolvimento dos conhecimentos e habilidades necessários à docência (Brasil, CNE, 2015).

Desde 2002, o Estágio Supervisionado compreende 400 horas (anteriormente eram 300) e a "prática como componente curricular" outras 400 horas, do total mínimo de 3.200 horas de efetivo trabalho acadêmico previstos para todos os cursos de licenciatura (Brasil, CNE, 2002, 2015).

Da legislação emanada em nosso país desde a primeira década do século XXI, bem como das reflexões presentes em Pimenta (2001), Pimenta e Lima (206/2006) e Leite (2011b) podemos sintetizar alguns princípios

PROFESSOR EXPERIENCIAL, COLABORATIVO E REFLEXIVO: MÉTODO PARA O ESTÁGIO SUPERVISIONADO EM EDUCAÇÃO FÍSICA

pedagógicos gerais que orientam o Estágio Supervisionado, os quais devem repercutir em toda a organização e dinâmica curricular das licenciaturas:

– **Articula teoria e prática.** A dimensão da prática não deve estar presente apenas nos estágios supervisionados, mas em todos os componentes curriculares dos cursos de licenciatura, com os quais se articula intrinsecamente para potencializar a relação entre teoria e prática, já que ambas contribuem para o desenvolvimento dos conhecimentos e habilidades envolvidos na docência.

> Termo que preferimos a "estagiário", porque dizer "Professor em Formação Inicial" implica ressignificar a prática deste graduando, em todas as atribuições docentes que assume no campo de intervenção, compreendendo-a numa nova epistemologia da construção dos saberes dentro da própria prática (Martiny; Gomes-da-Silva, 2014).

– É **interdisciplinar.** O Estágio Supervisionado é momento de investigação crítica da prática pedagógica, de modo a propiciar ao aluno-estagiário (ou "professor em formação inicial" – PFI) conhecimento do contexto escolar, mediante análise, reflexão, problematização e reelaboração, decorrentes da sua inserção e plena atuação profissional no contexto; portanto, demanda conhecimentos provenientes de vários componentes curriculares.

– É **coletivo.** Deve ocorrer em regime de colaboração entre as instituições de Ensino Superior e as escolas de Educação Básica (ou outras instituições educacionais), o que inclui o planejamento, avaliação e supervisão conjunta das atividades.

– É **aprendizagem profissional,** o que supõe a existência de uma relação pedagógica entre os profissionais da educação (gestores, professores) e os PFI.

– É **processual.** Exige imersão dos PFI na rotina escolar em períodos mais longos e continuados, não pode limitar-se à presença esporádica dos PFI nas escolas. Do mesmo modo, não pode ser componente curricular isolado ao final do curso de licenciatura; pelo contrário, deve dialogar com outros componentes e estar presente ao longo de todo o curso.

Mas, evidentemente, a formação do profissional docente pode ser pensada também para além de suas diretrizes legais; é preciso considerar a literatura e os debates acadêmicos, a dinâmica da realidade e a complexa relação teoria-prática. Conforme Pimenta e Lima (2005/2006), todo esse processo histórico-legal nos legou diferentes concepções de estágio que até hoje podem ser identificadas, e muitas vezes se entrelaçam nos currículos das licenciaturas. São elas:

(i) imitação de modelos;
(ii) instrumentalização técnica;
(iii) espaço para reflexão e pesquisa.

A primeira concepção entende o Estágio como apropriação de modelos consolidados pela tradição educacional, e fundamenta-se na observação e imitação de professores mais experientes e tidos como modelares. É uma perspectiva conservadora, pois considera a realidade escolar como imutável, ignora a história e a cultura.

A segunda concepção prende-se ao Estágio como aplicação de técnicas com embasamento científico, na qual os professores são os "práticos", apenas executores das prescrições dos especialistas. Com isso, cria-se uma divisão hierárquica entre os saberes científicos e os saberes docentes, construídos no "chão da escola", na qual importam mais os primeiros, e os segundos são desvalorizados pelo seu caráter subjetivo. Nesse modelo, cuja denominação mais comum é "racionalidade técnica", o currículo de formação dos professores estrutura-se em duas partes: na primeira, ensinam-se as teorias e técnicas de ensino apresentadas como científicas (e, portanto, universais); na segunda, os futuros docentes realizam, em uma prática real ou simulada, a aplicação daqueles teorias e técnicas (Almeida; Biajone, 2007).

A terceira concepção, que propõe o Estágio como tempo/espaço de pesquisa e reflexão, tem suas origens em Schön (1983, 1987, 2000) e mais remotamente em John Dewey, tomando como base a ideia de "reflexão na ação" e "reflexão sobre a ação".

> John Dewey (1859-1952), filósofo norte-americano, emprestou ideias da semiótica peirceana para refletir e propor fundamentos e princípios para a educação. Autor de vasta obra, entre outros, escreveu os seguintes livros: *Como pensamos* (1910), *Democracia e educação* (1916); *Experiência e natureza* (1925); *Experiência e educação* (1938).

Essa concepção mais geral desdobrou-se em várias correntes e autores, sendo mais conhecidos no Brasil, entre outros, autores como L. S. Shulman, M. Tardif, C. Gauthier e A. Nóvoa.

Em termos gerais, todos partem de críticas ao modelo de racionalidade técnica, no qual estão ausentes os conhecimentos tácitos dos professores, os quais são produzidos na prática e com a prática docente cotidiana. Advogam que os modelos teóricos devem reconhecer a experiência particular dos professores, no contexto da qual se produzem os chamados "saberes docentes" e que, eventualmente, tais saberes podem ganhar caráter generalizável nas teorias da educação. Ou seja, a valorização da experiência particular não necessariamente exclui o diálogo com as teorias educacionais, na medida em que haja constante questionamento entre a teoria que orienta a prática e o que se faz efetivamente no contexto educacional (Ghedin, 2006) – tem-se aí a dimensão crítica desta concepção. Daí os "saberes docentes" terem se tornado objeto das pesquisas educacionais.

Contudo, é necessário ainda adicionar a esse cenário a dimensão reflexiva – os professores precisam refletir sobre o que fazem, registrar e compartilhar seus saberes (daí a usual referência ao "professor reflexivo"). Então, desenvolver a competência reflexiva e crítica passa a ser prioridade na formação inicial e continuada dos professores, em nome da valorização da autonomia docente e do desenvolvimento da capacidade de enfrentar situações singulares da prática profissional.

Tal concepção traz implicações importantes para a constituição dos estágios supervisionados, as quais modificam profundamente os modelos anteriores. Em primeiro lugar, o Estágio não é mais visto como espaço e tempo de "aplicação" dos conhecimentos técnico-científicos aprendidos pelos PFI no decorrer do curso de Licenciatura, mas oportunidade para reflexão e pesquisa. Em segundo lugar, o professor da escola passa a ter um papel ativo, de efetiva contribuição na formação dos PFI, na medida em que também é dotado de saberes, e deixa, portanto, de ser alguém que é "imitado" em suas ações docentes, ou a autoridade que apenas assina papéis para a burocracia; e os PFI assumem também responsabilidades típicas do docente. Em consequência, o planejamento, supervisão e avaliação das atividades passam a ser compartilhados entre o professor universitário responsável pelo Estágio, o professor da escola e os PFI. E em terceiro lugar, o Estágio Supervisionado não apenas irá fornecer a "matéria prima" para a problematização dos processos de ensino-aprendizagem, mas também poderá contribuir para mudanças no próprio contexto escolar.

Agora é sua vez...

Quem não reflete repete! E quem não escreve esquece!

1) Como foi seu estágio supervisionado quando foi estudante no curso de graduação? Quais são suas lembranças – positivas e/ou negativas? Justifique a natureza delas.

_____

_____

_____

_____

_____

_____

_____

2) Que tipo de orientações você daria para um PFI na regência de suas primeiras aulas de Educação Física em sua escola?

_____

_____

_____

_____

_____

_____

> **3)** Quais são suas sugestões para que os estágios supervisionados viabilizem de fato maior aproximação entre as instituições de Ensino Superior e as escolas?
>
> _____
>
> _____
>
> _____
>
> _____
>
> _____

2. Estágio em perspectiva semiótica: apontamentos preliminares

Vamos nos valer aqui das reflexões de Mendes (2016) quando fundamenta o desenvolvimento do Estágio Supervisionado em termos semióticos. Sua argumentação gira em torno do fato de que os PFI interagem com processos de significação que não são apenas cognitivos, mas principalmente meio de afetação de condutas. E, como preceitua a semiótica peirceana, a lógica de produção e significação dos signos não é apenas de ordem psicológica ou racional, mas também sensível, criativa e comunicativa, e se dá a partir de várias linguagens (verbal, sonora, imagética, visual).

Ainda para Mendes (2016, p. 28), essa dimensão semiótica é a raiz do processo de reflexão 'nas' e 'sobre' as práticas pedagógicas, porque "o professor somente poderá se colocar em reflexão se for capaz de `ler´ os problemas pedagógicos que emergem de sua aula e, para tal, é preciso que se reconheça como os signos estão a comunicar tais problemas". E para além de uma reflexão puramente mental, trata-se também de um hábito de ação, uma resposta que o intérprete dá ao signo ou ao objeto.

Portanto, refletir sobre a prática não seria apenas interpretar de forma mental as situações pedagógicas "ou apenas construir pensamentos – signos mentais –, mas também agir e se predispor a agir são relações interpretantes e não meramente resultantes de uma interpretação" (Mendes, 2016, p.29). Para o autor, o paradigma do professor reflexivo não explicita como a reflexão pode florescer no âmbito formativo – bastaria apresentar problemas aos PFI, ou estimular autoquestionamentos? Ora, conforme Peirce (1972), a formulação de hipóteses, premissas e inferências é uma faculdade aprendida e não inata. É preciso então um método para formar o professor reflexivo e crítico, capaz de "decifrar os signos que emanam da realidade e engendrá-los em novas redes de significação" (Mendes, 2016, p. 30).

Desse modo, estamos aqui imbuídos do propósito de propor uma perspectiva de formação de professores para uma Educação Física escolar crítica e criativa. Crítica no sentido sócio-histórico, ao possibilitar no cotidiano escolar processos decisórios em meio às disputas hegemônicas do currículo, optando por relações sociais democráticas, inspiradas na justiça social, cultura de paz e liberdade individual, em contraposição ao modelo vigente de sociedade excludente e violenta, que massifica as pessoas em estereótipos sociais. E criativa no sentido de favorecer aos PFI o exercício do ensino como processo do conhecer contínuo, fazendo uso de dispositivos para uma produção reflexiva ontológica-epistemológica-metodológica que, conjuntamente aos demais educadores da escola, permitam Sentir, Reagir e Refletir as próprias práticas educativas, tanto individual quanto coletivamente.

3. Método para o Estágio Supervisionado em Educação Física

Como já dissemos, não é suficiente anunciar que o professor deva ser pesquisador e/ou reflexivo. É preciso apontar como essa proposição pode efetivar-se na formação inicial ou continuada, o que implica responsabilizar-se pelo caminho de ações a percorrer. Portanto, seguindo a mesma compreensão de Educação Física em perspectiva semiótica no âmbito da Pedagogia da Corporeidade, a qual orienta este livro, propõe-se um método de formação docente denominado Professores Experienciais, Colaborativos e Reflexivos (Pecre).

Deixamos claro, de início, que o método Pecre não se trata como uma elaboração intelectual desprovida do conhecimento da realidade escolar, nem se trata de proposição acadêmica mirabolante para os professores da Educação Básica. Antes decorre de uma construção junto ao campo, articulando duas esferas da docência, o Ensino Superior e a Educação Básica. Por isso mesmo, sugerimos que esse método pode aplicar-se em contextos de formação inicial ou continuada, seja na Educação Básica ou educação não escolar, envolvendo educadores em centros culturais, jardins botânicos, parques zoológicos ou botânicos, museus de arte, clubes esportivos, brinquedotecas e outros contextos educacionais. Isso porque se apresenta como um modelo aberto e desenvolve-se em meio ao campo de intervenção; portanto, adaptável aos diferentes contextos da docência.

Foi construído como um método para organizar o Estágio Supervisionado em Educação Física que valoriza o processo do ensinar-aprendendo, como atitude docente de abertura e sensibilidade ao que surge nas Situações de Movimento em cada aula, tal como propusemos na estruturação da "Aula-Laboratório" referenciada na Pedagogia da Corporeidade, no Capítulo III. Também concorre para a formação de professores que desenvolvam a capacidade da docência compartilhada, em um ambiente de cooperação com os demais colegas da escola ou outra instituição de ensino, criando um colegiado. Por fim, e não menos importante, o Método Pecre propõe a formação de um professor sensível ao contexto e apto à colaboração, mas também reflexivo, ponderando em torno do contexto institucional, da conjuntura social, da sua aprendizagem e de seus aprendentes. E, sendo alguém reflexivo, é também inquieto com o seu ensinar contextualizado, realizando recortes, emendas e adaptações contínuas em seu "saber-ensinar".

É método de formação e de pesquisa ao mesmo tempo, porque favorece a construção de um modo de intervir docente ou de pesquisa que dialoga com a comunidade, que demanda consciência dos atos educativos; e é ético, porque responsável e comprometido socialmente.

O Método Pecre concretiza-se com o PFI em campo por meio de seminários temáticos; planejamentos participativos; etnografia do ambiente educativo; orientação das aulas pela ALPC; capacitação de observações participantes e vicárias; possibilidades avaliativas e construção de textos reflexivos. Assim, nesse capítulo pretendemos contribuir com a formação de educadores e educadoras que não somente sejam críticos e criativos no trabalho com o jogo, como vimos defendendo em todo o livro, mas também sejam aprendizes do ser brincante. Em outras palavras, que a ação docente relacione-se com a própria corporeidade, em busca de centramento e processo de realização de si mesmo e do outro individual e coletivo.

O Método Pecre compreende:

• descrição analítica do campo de estágio e da turma de aprendentes;
• observação e coparticipação das aulas do professor da escola;
• planejamento participativo;
• avaliações;
• observações participantes das aulas dos colegas estagiários;
• discussão sobre os problemas do "saber-ensinar", emergidos da prática.

Cada uma dessas atividades se constitui em instrumento de pesquisa sobre a experiência docente.

Para facilitar o entendimento do leitor, e servir como guia para a leitura deste capítulo, o Quadro 3, a seguir, elenca as atitudes, etapas, dispositivos e procedimentos do Método Pecre, os quais serão detalhados na continuidade.

PROFESSOR EXPERIENCIAL, COLABORATIVO E REFLEXIVO: MÉTODO PARA O ESTÁGIO SUPERVISIONADO EM EDUCAÇÃO FÍSICA

Quadro 3. Atitudes, dispositivos, etapas e procedimentos do Método Pecre

Atitudes	Professor experiencial	Professor colaborativo	Professor reflexivo
Dispositivos	Ontológicos Conhecimento de si	Epistemológicos Conhecimento da cultura escolar e do coletivo de aprendentes **Metodológicos** Conhecimento proveniente da intervenção	Sessão reflexiva Individual Interpessoal
Etapas	Antes e durante a intervenção	Antes, durante e após a intervenção	Durante e após a intervenção
Procedimentos	– Memorial – Narrativa de formação	– Questionário temático – Entrevista coletiva – Aula-avaliação – Aulas-laboratório – Observação participante – Grupos dialogais – Seminários temáticos – Vídeo etnográfico	

FONTE: Elaboração própria

3.1. Professor Experiencial

Lembramos que "experiência", na perspectiva peirciana, é o "inteiro resultado cognitivo do viver". Para além da compreensão da sensorialidade sem elaboração intelectual, em Peirce a própria "interpretação em si mesma é a experiência. Experiência é o curso da vida" (apud Ibri, 1992, p. 4). De modo que a denominação "Professor Experiencial", ao contrário de se tratar de uma experimentação irrefletida, quer dizer cognição do vivido, inventariando classes da experiência cotidiana, interpretando-a.

A primeira atitude a ser despertada no PFI é esta abertura a novas experiências. Um estar consciente que as Situações de Movimento com as quais irá lidar são lugares privilegiados de aprendizagens. Portanto, mais que alguém com domínio prévio sobre os temas historicamente acumulados pela humanidade, o PFI, nesse método, permite-se imergir na situação educativa, compreendendo-a como processo dinâmico, intenso e sempre inacabado. A principal exigência da Situação de Movimento a ser conduzida é o sentido que a vivência tem para si próprio e para o outro com o qual se está ensinando-aprendendo.

Nas palavras de Ferreira-Santos e Almeida (2011, p. 196):

> A vivência de uma situação em que os dois seres, educador e aprendiz, se encontrem [...] e dialoguem com seus corpos na situação concreta de uma experiência que os comunga, os coloca no horizonte da pessoalidade, na transversalidade das mesmas buscas, na gesticulação cultural dos toques e expressões faciais, na membrura dos abraços, na abertura ao novo e ao desconhecido, imprevisto e incontrolável do viver com alguém – conviver – mediados pelo caráter existencial e corporal do "fazer juntos".

A atitude de professor experiencial é esta de "pôr a mão na massa", atento para compreender e compreender-se por inteiro na experiência. A experimentação tem como matéria-prima as próprias vivências com as quais vai se formando. Educar nessa direção é habitar as situações de movimento na medida em que se interpreta como educador.

Por apostarmos nessa compreensão de experiência, como consciência que aglutina as vivências ou consciência de síntese, é que a relacionamos a um princípio paulofreiriano: em toda situação educativa o educador também se educa (Freire, 1999). Daí estarmos continuamente ocupados em proporcionar aos PFI experiências concretas de ensino, para que nelas possam desenvolver o "saber da ação pedagógica", conforme Guathier (1999). De modo que, para esse saber efetivar-se, os PFI devem atuar como intérpretes da própria prática, a qual, em última instância, tem como fim colaborar com a transformação da escola e, esperançosamente, da sociedade em que vivemos.

Paulo Freire (1987) refletindo sobre sua experiência de aprender a ler e escrever no quintal de sua casa, com gravetos no chão, a partir de palavras do seu cotidiano, concluiu que ler palavras é também ler o mundo. Assim, a educação é um ato de conhecimento experiencial, que se torna ato político na medida em que o vivido e refletido toma significado no agir no mundo.

Sobre esse princípio de interpretar o vivido como experiência, dizem os pedagogos Freire e Horton (2003, p. 50-51, 65):

> *É exatamente aí que pessoa se aprofunda na leitura da realidade, extraindo de sua experiência. Quanto mais cedo for esse momento, mais a gente começa a refletir sobre a experiência e mais se descobre o valor dos livros [...]. Eu aprendi através da experiência e da leitura. Eu analisava as experiências que tinha tido e tentava aprender com elas, tentava descobrir seu significado.*

A proposta é formar um professor experiencial no exercício da interpretação sobre o vivido, em dois tempos. No primeiro tempo, discute-se a experiência imediata, que ocorre logo após a ministração das aulas na escola. Reunidos, os PFI e o professor de Educação Física da escola responsável pela supervisão, discutem os aspectos da prática que foram entraves no processo ou que ganharam êxito. No segundo tempo, a discussão da experiência ocorre na universidade, nos chamados "Encontros de Classe Temáticos", previamente estabelecidos, em que todos os PFI, que estão agrupados em número de três ou quatro nas diferentes escolas públicas, encontram-se a cada três semanas com seus supervisores (os professores das escolas), e com o coordenador geral (docente responsável pela disciplina de Estágio Supervisionado na Instituição de Ensino Superior) para discutirem, de modo abrangente, os problemas mais frequentes vividos no cotidiano no estágio. O coordenador, além dos Encontros de Classe Temáticos, é também responsável por contatar os campos de estágio, orientar os professores da escola para exercerem a supervisão, além de visitar cada um dos grupos de PFI distribuídos nas escolas.

Os temas mais frequentes nestes Encontros de Classe relacionam-se com a cultura da Educação Física escolar, indisciplina, desmotivação de aprendentes e professores, metodologia das aulas e condições de trabalho (infraestrutura e material didático-esportivo). Essa discussão não tem lugar apenas como verbalização, mas também no ato da escrita, já que as discussões devem estar pautadas em um roteiro de observação de aula com registro em diário de campo. Essas discussões das experiências exitosas ou frustrantes, conflituosas ou festivas, são cumulativas e terminam por compor, com as devidas interpretações e o respaldo na literatura, um relatório analítico e reflexivo de todas as aulas ministradas.

3.1.1. Dispositivos para produção reflexiva ontológica

Pois bem, antes de ir a campo e "pôr a mão na massa", é necessário que o PFI faça uma produção textual sobre as experiências que o formaram. Assim, no que chamamos de reflexão ontológica, desenvolvemos dois dispositivos: primeiro, um roteiro de questões para estimular um exercício de aproximação consigo mesmo, sobre suas raízes familiares e culturais, denominado "memorial"; segundo, um roteiro para a construção de uma "narrativa de formação" que, apoiada pelo memorial, provoca o PFI a interpretar seu percurso educativo e a qualidade das situações educativas que viveu. Portanto, dois textos são entregues pelos PFI

> O dispositivo de produção reflexiva ontológica parte da perspectiva da ontologia heideggeriana, como estruturas existenciais (afetividade, fala e entendimento) que oferecem a possibilidade de entendimento da realidade, levando-se em conta o processo histórico e todas as circunstâncias e contingências que envolvem as possibilidades de um ser autêntico e singular.

ao coordenador: um sobre a história de vida e outro sobre a história de formação escolar.

Memorial

Com inspiração na estratégia de pesquisa denominada "história de vida autobiográfica", em que o depoente apresenta suas experiências mais marcantes e como ele as interpreta, utilizamos a "história de vida tópica", solicitando que o PFI dê ênfase naquilo que o levou a formar sua cosmovisão, valores, crenças e emoções básicas.

As perguntas geradoras para a construção do memorial, que apresentaremos a seguir, são apresentadas em blocos, sendo que o interesse não é responder pontualmente, mas em um texto contínuo. Por isso explicamos que as perguntas são apenas condutoras da construção do texto.

a) Como foi sua infância: onde e com quem morou? Quais eram seus tempos-espaços para brincar? Quais as experiências de ludicidade de que mais recorda?

b) Como foi sua adolescência: onde e com quem morou? Quais eram seus tempos-espaços para brincar? As atividades lúdicas aumentaram ou diminuíram nessa fase? O que foi mais marcante nessa fase que o/a levou a optar pelo curso superior de Educação Física?

c) Quais os seus valores, aqueles que de fato você os vivencia ou se esforça por vivenciar? Não fale de valores universais, perguntamos sobre os que são verdadeiros e concretos para você.

d) Por fim, sobre sua cosmovisão. Descreva como você compreende a sociedade em que vive? Você defende e empreende alguma causa social? Como gostaria de ver a sociedade? Em que medida esse projeto utópico é alimentado pelos seus valores e sua prática educativa?

Narrativa de formação

A narrativa de formação é uma modalidade da autobiografia na qual, de forma descritiva, o PFI apresenta aspectos da sua trajetória escolar. Torna-se valiosa ao captar percepções, valores e emoções que marcaram o PFI ao longo de sua formação. O objetivo é destacar os elementos marcantes e significativos que podem influenciar na prática pedagógica, tanto ou mais que a própria opção teórico-metodológica de ensino.

Na mesma perspectiva que o memorial, a finalidade é redigir um texto a partir dos seguintes blocos de questões:

a) Em quais escolas estudou? Qual delas você mais lembra? O que tinha nessas escolas que mais gostava? Em termos de relacionamento (professor-aprendente, aprendente-aprendente, aprendente-escola), descreva aqueles que você destacaria como marcantes (positivos ou negativos).

b) Quais professores(as) mais lhe influenciaram? Descreva o que eles/elas faziam que o(a) ajudavam a aprender.

c) Qual sua experiência de prática educativa? Quais lugares e períodos em que você já trabalhou? Qual a maior aprendizagem nessas experiências em termos de limitações impostas (as próprias e as limitações institucionais e sociais)? Como fez para conviver com elas ou superá-las?

d) Qual sua experiência em termos de trabalho em equipe, tanto em relação a trabalhamos acadêmicos quanto em práticas profissionais? Houve consensos e/ou dissensos, respeito e/ou desrespeitos? Houve trabalho interdisciplinar e/ou multidisciplinar?

e) Como sua trajetória escolar relaciona-se com seu projeto pedagógico? Quais princípios pedagógicos você adotará no estágio?

Esses dois textos constituem a primeira autoria do PFI durante o estágio. No Método Pecre, tudo começa com essa produção interpretativa sobre sua experiência. São textos que impelem os PFI a escreverem sobre o tema da estética, "mesmo quando por estética se entenda não simplesmente a teoria da beleza, mas a teoria das qualidades do sentir", já afirmou Freud [1920] (1996, p. 237). Por isso, o ato dessa escrita é estético, sobre a qualidade do sentir na história de vida e narrativa de formação. Um texto sobre si mesmo, sobre as experiências marcantes, não amarrado a citações ou pensamentos de outros.

Geralmente, os PFI escrevem estes textos sem grandes dificuldades. Há aqueles que não conseguem, porque ficam presos, não ultrapassam o recordatório de datas, nomes de instituições e pessoas, não refletem sobre as próprias experiências pessoais e profissionais. Nesse caso, aceita-se o que foi possível produzir naquele momento. Esse exercício de escrita sobre a própria experiência norteará todo o trabalho pedagógico dos PFI, pois terão que escrever rotineiramente sobre suas aulas nas escolas, suas observações dos colegas e avaliações gerais. No Método Pecre, o PFI é autor, aprende que já possui experiências para justificar a autoria.

3.2. PROFESSOR COLABORATIVO

O Método Pecre objetiva uma segunda atitude pedagógica. Além de refletir sobre a própria experiência, compreendendo que nela se constitui o sujeito social, é necessário aprender a se dispor ao outro, a adotar a atitude do professor colaborativo. O termo "colaborativo" já vem sendo utilizado como estratégia de ensino, e teve início com a parceria entre os professores da rede regular de ensino e da educação especial, que dividem a responsabilidade de planejar, instruir e avaliar os procedimentos de ensino a um grupo heterogêneo de aprendentes (Ibiapina; Ferreira, 2003).

Mas a utilização que aqui fazemos do termo "professor colaborativo" relaciona-se com uma atitude marcada pela influência do pedagogo russo Anton Semionovich Makarenko (1888-1939).

Makarenko, a partir de suas experiências à frente de uma escola ferroviária e de duas instituições educativas "correcionais" para crianças e adolescentes abandonados, entre 1918 e 1935, construiu o mais importante método da pedagogia soviética, que foi a elaboração da escola como coletividade. Diz ele:

> *Dispor de uma verdadeira coletividade é coisa muito difícil, pois, esteja a pessoa certa ou não, os problemas não devem ser resolvidos no interesse próprio, pessoal, mas sim no interesse da coletividade* (Makarenko apud Luedemann, 2002, p. 399).

Assim, estruturamos nosso método na formação inicial de modo a conscientizar os PFI que os problemas pedagógicos no estágio não pertencem ao indivíduo, mas ao coletivo. Portanto, a situação de docência em cada escola é de responsabilidade do grupo de PFI daquela escola específica, compartilhada porém com os demais grupos de PFI da disciplina e com a coordenação geral do Estágio Supervisionado, além dos professores da escola.

A proposta para a formação dos grupos é: "Façam um grupo de amigos(as), três ou quatro componentes, escolham uma das escolas apresentadas pelo coordenador e dediquem-se à docência colaborativa, que o êxito ocorrerá". A inspiração vem também de Makarenko (apud Luedmann, 2002, p. 399) quando afirma: "considero que os professores de uma mesma escola não devem somente manter boas relações na escola, mas também devem ser bons amigos". Isso porque a amizade cria cumplicidade. Estar junto durante todo o semestre letivo, três vezes na semana, manhã ou tarde inteiras, ministrando e observando os colegas na escola, necessita ir além dos compromissos acadêmicos. Amizades ou vínculos afetivos mais pessoais auxiliam na construção do coletivo, tanto de aprendentes quanto de professores.

Mais ainda, há dois coletivos (o dos professores e o dos aprendentes), que todavia compõe um só coletivo:

> Durante todos os anos do meu trabalho pedagógico, envidei os meus maiores esforços na solução da questão da construção do coletivo, dos seus órgãos, do sistema de atribuições de responsabilidade. [...] não imagino como poderia educar um coletivo, pelo menos um coletivo infantil, se não houver um coletivo de pedagogos. Não restam dúvidas de que não se poderá fazê-lo se cada um dos pedagogos de uma escola realiza, separadamente, o seu trabalho educativo segundo o seu próprio entendimento e desejo. [...] O coletivo dos professores e o coletivo dos aprendentes não são dois coletivos diferentes, mas sim o mesmo coletivo pedagógico (Makarenko apud Luedmann, 2002, p. 399).

Para Makarenko (1980), o que caracteriza o coletivo é o sistema de atribuições de responsabilidades; por isso, cada PFI tem suas atribuições para manter a existência do coletivo. No caso do Pecre, as atribuições

PROFESSOR EXPERIENCIAL, COLABORATIVO E REFLEXIVO: MÉTODO PARA O ESTÁGIO SUPERVISIONADO EM EDUCAÇÃO FÍSICA

relacionam-se às observações participantes, condução e auxilio nas aulas-laboratório, discussão nos grupos dialogais, participação nos seminários temáticos, compartilhamento nas redes sociais de imagens fotográficas e audiovisuais para discussão do grupo e construção do vídeo etnográfico.

A formação do professor ocorre em campo em uma lógica da colaboração ou em uma cultura de colegialidade e diversidade, opondo-se ao ambiente educacional movido pela excelência do empreendedorismo, com suas marcas de rentabilidade, individualidade e competitividade.

Aqui destacamos Nóvoa (2015), que em uma discussão sobre produtivismo acadêmico, reconheceu na rede colaborativa de trabalho docente potencial para se opor à formação de agentes educacionais que tratam do processo de ensino-aprendizagem como relação mercadológica. E mais, que a rede colaborativa pode superar a lógica excludente da "excelência", do "empreendedorismo" e da "empregabilidade". Porque nela há o reforço das práticas de debate e culturas de colegialidade, das lógicas de diversidade e de convergência, e dos processos de desenvolvimento de compromisso social.

No Método Pecre não se faz estágio sozinho, distante dessa rede colaborativa, nem se escolhe uma escola/campo de estágio que não esteja conectada com a proposição do estágio. A gestão da escola precisa apoiar o estágio e o professor ou professora de Educação Física daquela instituição necessita colaborar com o colegiado de supervisores. O coletivo não suprime o desejo ou a identificação individual. Cada grupo é formado por três ou quatro PFI, mas cada um faz suas opções metodológicas, a partir da concepção de Educação Física, necessidade dos aprendentes e condições da escola. A concepção teórico-metodológica da Educação Física escolar é a que estamos apresentando ao longo deste livro, aplicada em termos de atividades de planejamento (planos de ensino e de aulas para diferentes anos escolares).

Cada PFI fica responsável por uma mesma turma de aprendentes durante um bimestre letivo. A adoção inicial da proposição metodológica não acontece como "camisa de força", mas como orientação sistematizada.

PROFESSOR EXPERIENCIAL, COLABORATIVO E REFLEXIVO: MÉTODO PARA O ESTÁGIO SUPERVISIONADO EM EDUCAÇÃO FÍSICA

Pois o objetivo é que haja consciência da transposição didática, na qual os PFI partem do conhecimento adquirido durante o curso de licenciatura, das necessidades e das potencialidades da escola, da discussão sobre a experiência docente com o professor da escola e demais colegas estagiários, por meio de avaliações e reflexões escritas.

Assim, os PFI vão fazendo adaptações e reformulações na proposição inicial para desenvolverem "os saberes da ação pedagógica" (Gauthier *et al.*, 1998, p.34), ou simplesmente descobrirem outras possibilidades no âmbito da base teórico-metodológica adotada, e que não estava prevista inicialmente. A finalidade é o PFI colocar-se no processo educativo e aprender com a situação vivida, com a dinâmica da escola, com os demais educadores que participam do processo e, principalmente, com os aprendentes, estabelecendo vínculos afetivos e envolvendo-se responsavelmente com a situação de aprendizagem.

No Método Pecre, há dois coletivos: o dos PFI e o dos professores (supervisores e coordenação), cada qual com suas atribuições específicas. Assiduidade, registro sistemático das observações, planejamento e ministração das aulas são as atribuições do coletivo dos PFI. E o coletivo dos professores é responsável por orientar, acompanhar, avaliar, discutir, esclarecer temas, mediar conflitos; enfim, gerir todo o processo do estágio.

Cada grupo de PFI elege um líder por um período de uma semana, de modo que todos possam participar dessa função. O líder tem a responsabilidade de manter contatos com o coordenador, incentivar o grupo, registrar assiduidade e pontualidade, substituir algum PFI na eventualidade de sua ausência e coordenar o grupo dialogal, na ausência do supervisor.

Quanto ao coletivo dos professores, há uma coordenação geral, ocupada pelo professor da disciplina "Estágio Supervisionado", que é responsável pela orientação preparatória, instalação dos PFI nos campos de estágio e acompanhamento geral de todos os grupos nas escolas. Há a supervisão de cada grupo de estagiário sob a responsabilidade do professor ou professora de Educação Física da escola, a queml cabe acompanhar o desenvolvimento pedagógico de cada grupo de estagiários, orientando, corrigindo e avaliando.

PROFESSOR EXPERIENCIAL, COLABORATIVO E REFLEXIVO: MÉTODO PARA O ESTÁGIO SUPERVISIONADO EM EDUCAÇÃO FÍSICA

O eixo norteador dos supervisores é melhorar a qualidade do ensino na escola pública, particularmente a melhoria teórico-metodológica do ensino da Educação Física escolar, por meio da formação de novos professores aliada à produção de conhecimento na área, o que entendemos é compromisso político da universidade e das escolas públicas. Toda a orientação pedagógica aos grupos está centrada na resolução de problemas que emergem da prática docente, estimulando assim o pensamento prático-reflexivo dos PFI, na perspectiva de desenvolver os saberes necessários para a docência.

A finalidade é aliar a produção de conhecimento à formação pedagógica. Isso acontece na medida em que o PFI, com sua ação docente, é ao mesmo tempo sujeito e objeto da investigação científica. Seu objeto de estudo circunscreve-se ao tempo-espaço do próprio fazer pedagógico durante o Estágio Supervisionado.

Sabemos que a formação do professor-pesquisador é um dos temas mais discutidos desde a década de 1990 pelos autores da comunidade pedagógica brasileira, e a tendência predominante é contrária ao reprodutivismo e à racionalidade técnicas, e assim a pesquisa é valorizada como componente indispensável ao trabalho docente.

> Destacamos, entre outros: André, 1992; 1999; 2005; Demo, 1991; 1994; 1996; Fazenda, 1989; 1992; 1997; Lüdke, 1993; 1997; 2001; Pimenta; Ghedin, 2002; Ibiapina; Ferreira, 2003; Magalhães, 2004; Becker; Marques, 2010.

A perspectiva é tornar as experiências do cotidiano escolar objeto para a produção de conhecimento pedagógico, tendo por base o tripé: ação-interpretação-nova ação. Essa interpretação é ontológica-epistemológica-metodológica porque visa uma transformação de si mesmo, da prática educativa da Educação Física e da escola. Ou seja, nós nos envolvemos com:

(i) um rigor teórico, quanto às concepções de sociedade e educação, seus determinantes históricos e suas possibilidades de transformação (epistêmico);

(ii) uma orientação quanto aos procedimentos dialógicos e dialéticos da intervenção pedagógica (metodológico).

Foi com essas preocupações que nos aproximamos dos princípios e procedimentos da metodologia colaborativa explicitados e aplicados por Bezerra-Tinoco (2007) e presentes também em outros autores (Ibiapina;

Ferreira, 2003; Magalhães, 2004). Trata-se de uma metodologia interativa que envolve investigadores e professores, na medida em que estes reconhecem sua situação educativa, seu contexto de ação e são capazes de indagarem e teorizarem a própria prática.

Esses princípios metodológicos reconhecem seus fundamentos nos trabalhos de Schön (1983, 1987, 1992, 2000), ao tratar da "reflexão na ação", visando formar um professor engajado na prática docente com uma atitude reflexiva. E em Giroux (1997), que sustenta o trabalho docente como necessidade de uma compreensão teórica dos elementos que condicionam a prática (restrições pessoais, institucionais e histórico-sociais). Ou ainda Pimenta e Ghedin (2002), que perspectivam uma "epistemologia da prática", valorizando a prática profissional como momento de construção de conhecimento por meio da sua reflexão, análise e problematização.

A finalidade da pesquisa colaborativa não consiste apenas em uma investigação do professor sobre suas práticas, mas, fundamentalmente, em uma forma de desvelar as estruturas em que trabalha, a partir de uma reflexão que favoreça ao professor perceber-se em ação histórico-social e saber-se capaz de se posicionar nas situações vividas com posturas críticas, fazendo emergir as estruturas e contradições sociais e institucionais que influenciam a dinâmica nas escolas e na sala de aula.

Este dispositivo de produção reflexiva epistemológica fundamenta-se na perspectiva da "epistemologia do professor no cotidiano da escola" (Becker, 2002), e relaciona-se à construção, sistematização e acesso dos saberes/conhecimentos docentes por parte do próprio professor no âmbito da sua prática, saberes e conhecimentos esses que o Método Pecre tem por função ativar.

A partir de Bezerra-Tinoco (2007) propomos dispositivos mediadores para orientar o trabalho do PFI organizados, conforme já referimos, nas dimensões epistemológica e metodológica.

3.2.1. Dispositivos para produção epistemológica de conhecimento da escola e da turma

Desenvolvemos os dispositivos buscando compreender a escola, seus condicionantes institucionais e sociais, seu funcionamento, sua cultura peculiar, bem como procuramos compreender as turmas de aprendentes com as quais será desencadeado o processo educativo. Para a análise da escola utilizamos um questionário temático, e para conhecer as turmas utilizamos dois instrumentos: a entrevista coletiva e uma avaliação dos conteúdos da Educação Física.

Questionário temático

O questionário é um instrumento de pesquisa especificamente elaborado para atender à necessidade de conhecer a cultura escolar quanto à sua estrutura, funcionamento, projetos, concepções de educação, Educação Física e dinâmicas de trabalho. O objetivo deste questionário, que contempla diferentes questões de caráter objetivo e/ou subjetivo, é gerar dados para a compreensão do contexto institucional no qual se realiza a docência/estágio. Esse questionário é aplicado na primeira semana de contato do grupo de PFI na escola.

O roteiro do questionário conta com dez questões-tema, envolvendo histórico, caracterização física, administrativa, organização pedagógica, calendário escolar, histórico da escola, projetos pedagógicos, relação família e escola e compreensão da Educação Física pelos profissionais da escola. Respondem a este questionário a direção da escola, a equipe técnico-pedagógica e todos os professores, sendo as duas últimas questões endereçadas especificamente ao professor de Educação Física. As questões são estruturadas em blocos:

a) **Identificação.** Nome da escola e endereço completo (rua, número, bairro, município, CEP, telefone, *e-mail*).

b) **Estrutura da escola.** Dependências em termos de quantidade e estado de conservação. Administração: salas para diretoria, vice-diretoria, secretaria, coordenadoria pedagógica, dos professores, para reuniões. Serviços assistenciais: odontológico, médico, psicológico, pedagógico, segurança. Serviços multimeios: biblioteca, laboratórios, videoteca, outros. Dependências para a Educação Física: pátio, quadra, ginásio, salas de dança/ginástica/lutas, outras. Dependências gerais: cozinha, refeitório, cantina, sanitários, salas de aula e salas especiais.

c) **Funcionamento da escola.** Número de aprendentes por ano, turma e turno.

d) **Recursos humanos atuantes na escola, com registro do nome completo.** Corpo administrativo (diretor, vice-diretor/adjunto, coordenador da Educação Física, secretário); corpo pedagógico (supervisor, orientador, psicólogo); professores de Educação Física (nome, instituição e ano de graduação).

e) **Aspectos históricos da escola.** Contextualização da época de sua fundação; razões históricas do nome da escola.

f) **Características sociodemográficas.** Condições socioeconômicas da localidade da escola; qual a principal fonte de renda dos pais/família dos aprendentes atendidos pela escola; problemas sociais existentes na comunidade que interferem no funcionamento da escola; principais carências da escola (humana, infraestrutura, recursos didáticos, participação dos pais, entre outras); principais desafios; projetos pedagógicos existentes; principais potencialidades (recursos humanos, estrutura funcional, infraestrutura, satisfação profissional, dedicação dos profissionais, outras); participação dos pais (relação escola-família); relação escola-comunidade (se o conselho de pais e mestres funciona e em que condições; se há o uso das dependências da escola pela comunidade nos finais de semana).

g) **Concepção de Educação Física por parte dos gestores da escola (direção, equipe pedagógica).** Perguntas sugeridas: Qual a importância da Educação Física na escola? Se essa disciplina fosse retirada do currículo de sua escola, alguém sentiria falta? Quem? Por quê? Como avalia o desempenho do(a) professor(a) de Educação Física? Ele(ela) atende às necessidades da disciplina para a escola? Justifique sua resposta.

h) **Concepção de Educação Física por parte dos professores da escola.** Perguntas sugeridas: Se a Educação Física fosse retirada de sua escola, sentiria falta? Por quê? Há interação entre o trabalho pedagógico de sala com o trabalho da Educação Física? Em caso afirmativo, qual seria? Caso contrário, acha que deveria haver? Em que termos?

PROFESSOR EXPERIENCIAL, COLABORATIVO E REFLEXIVO: MÉTODO PARA O ESTÁGIO SUPERVISIONADO EM EDUCAÇÃO FÍSICA

i) **Caracterização da Educação Física**: instalações para as aulas; descrição dos locais e estado de conservação; equipamentos e material didático disponível para as aulas; gestão dos espaços e material; horário das aulas; principais problemas que se apresentam na Educação Física.

j) **Sobre o professor de Educação Física da escola**: seu planejamento, sua concepção de Educação Física; como justifica a presença da Educação Física na escola; como é seu sistema de avaliação; como qualifica a relação da Educação Física com os demais professores e com os gestores da escola.

Entrevista coletiva

A entrevista coletiva é realizada também na primeira semana de estágio, após estar estabelecida a relação com o grupo de aprendentes. A entrevista é feita por todo o grupo de PFI. O objetivo é traçar o perfil da turma em seus aspectos culturais, familiares, nutricionais, comunitários, intelectuais, lúdicos, estéticos e criativos. Porque entendemos que só conhecendo os aprendentes é que o professor pode propor um plano de ação, selecionar os conteúdos e escolher as estratégias. A entrevista ocorre em um processo dialógico coletivo entre PFI/entrevistador e grupos de cinco aprendentes/entrevistados, possibilitando a captação de dados objetivos e subjetivos de várias pessoas ao mesmo tempo. Esta estratégia é adequada para entrevistar turmas numerosas, em tempo hábil para favorecer a elaboração dos planos de ensino e aulas que levem em conta tais informações.

As entrevistas devem ser realizadas em um ambiente adequado, o mais silencioso e privativo possível, com a dinâmica que descreveremos a seguir. Inicialmente, faz-se uma identificação para cada aprendente. Por exemplo, em uma turma de segundo ano, o primeiro grupo de aprendentes a serem entrevistados recebem os números de 1 a 5, e são feitas as perguntas, uma de cada vez. Não é estabelecida uma sequência para quem responde, mas, espontaneamente, cada aprendente vai se colocando, no momento que desejar, podendo ou não responder às perguntas. As respostas são registradas em um quadro composto por uma coluna, à esquerda, com os números dos aprendentes, e colunas à direita para cada questão, com espaço suficiente para registrar as respostas.

Durante a realização das entrevistas, recomendamos ter o cuidado de incentivar a participação de todos os aprendentes em cada grupo. Além de, ao se perceber que algum aprendente, por timidez ou desconhecimento, repete as respostas dadas pelos seus colegas mais desenvoltos, recomenda-se refazer a pergunta de outra forma, ou questionar os aprendentes em questão se é isso mesmo que queriam responder, para motivá-los a se envolverem na discussão. Essa entrevista estruturada é inspirada em sete blocos de questões:

a) **Identificação.** Ano, turma, turno, número de aprendentes (masculino e feminino), faixa etária.

b) **Hábitos de atividades diárias.** Jogos e brincadeiras que realizam (com quem, onde, quanto tempo, a que mais gosta); gêneros alimentícios que ingerem diariamente; local e horário de estudo em casa; realização de tarefas domésticas.

c) **Relações na escola.** Disciplina; professor e colega que mais gosta e que menos gosta, com justificativas; o que mais gosta e menos gosta na escola, em termos de dia, horários e locais da escola.

d) **Moradia.** Onde mora, com quem e com quantas pessoas; se mora em casa ou apartamento.

e) **Cultural.** O que leem; os filmes a que assistem; qual a frequência de ida ao cinema, ao teatro, à praia, a parques ou outros lugares nos fins de semana e nas férias.

f) **Importância da Educação Física.** Se a Educação Física fosse retirada da escola, sentiria falta? Por quê? O que mais gosta e menos gosta na Educação Física? O que já aprendeu nas aulas de Educação Física?

g) **Visão de mundo.** Qual sua opinião sobre o mundo atual? O que mudaria nele? Como o mundo pode mudar?

Aula-avaliação

Após a realização da entrevista com os aprendentes, e ainda com o propósito de conhecê-los, propomos duas aulas com a finalidade de avaliá-los em relação ao conhecimento de que trata a Educação Física. Os PFI ministram essas "aulas-avaliações" para sua turma e os demais do seu grupo avaliam o comportamento da turma.

O PFI seleciona gêneros de jogos para duas aulas de 50 minutos, as quais devem favorecer a observação dos aprendentes e registros em termos de: qualidade dos gestos, desempenho relacional, consciência da ação, capacidade de auto-organização e criação. Os registros ocorrem tanto pela observação da ação realizada pelo grupo de aprendentes nas aulas-avaliação, quanto por meio de conversas informais ou questionários aplicados com os aprendentes ao final da aula.

Essa avaliação inicial não é única, os PFI estarão avaliando a turma constantemente, ao final de cada aula ou durante a aula. Essa avaliação formativa ocorre com registros individuais dos fracassos, êxitos parciais e totais. Por meio de registro em diário de aula, faz-se um registro sistemático das condutas sociais dos aprendentes nas suas mais diversas manifestações: possibilidades corporais, capacidade de conceitualização e crítica, redefinição de regras, entre outras.

3.2.2. Dispositivos metodológicos para condução do estágio

Depois de ter analisado a si mesmo, em termos de história de vida, e ter analisado as condições socioeducacionais da escola e da(s) turma(s) de aprendentes, é preciso que o PFI passe a analisar a própria prática educativa para ter consciência das ações que realiza, se está respeitando as opções metodológicas que propôs, se está agindo de modo coerente com os valores e projeto de sociedade que defende.

Para analisar a própria prática educativa, o que deverá acontecer constantemente, tal como a avaliação formativa, utilizamos uma série de estratégias: aula-laboratório, observação participante e vídeo etnográfico.

> O dispositivo de produção reflexiva metodológica relaciona-se ao conjunto de instrumentos de acesso ao conhecimento derivado da própria intervenção pedagógica, das experiências como ação e construção coletiva.

Aula-laboratório

Aula-laboratório compreende o formato de aulas ministradas pelos PFI durante o estágio. A denominação "laboratório", para além de ser devido ao tratamento de um espaço-tempo de experimentação, de aplicação de conhecimentos científicos e de reelaboração de conhecimentos pedagógicos, refere-se principalmente à estrutura da Aula-laboratório referenciada na Pedagogia da Corporeidade conforme apresentamos no Capítulo III.

Aulas-laboratório são as situações de aprendizagem de Educação Física planejadas pelos PFI com a finalidade de viabilizar a proposta pedagógica adotada no contexto do cotidiano escolar. O objetivo é que nessas aulas os PFI vivenciem os saberes pedagógicos necessários para um aprofundamento da docência, e para a construção de uma Educação Física sistematizada. As aulas-laboratório são planejadas uma a uma a partir das discussões com o coordenador da disciplina, das reflexões ontológicas e epistemológicas oriundas das orientações com o supervisor e da ajuda do coletivo dos PFI.

Os itens do planejamento para a Aula-laboratório são: identificação (nome da escola, série, turma, faixa etária, número de aprendentes, tema da aula, objetivo específico), procedimentos (modo como as atividades serão realizadas, Situações de Movimento (Sentir, Reagir, Refletir) avaliação, materiais utilizados e referências bibliográficas).

Observação participante

A observação participante é outro procedimento de geração de dados cuja característica principal é a presença constante do observador no contexto observado, bem como a interação face a face com os sujeitos pesquisados. É um procedimento que tem origem na Antropologia, construída para captar o comportamento do grupo de forma processual e interativa (Haguette, 1997; Minayo, 1998). É utilizado no momento em que os PFI realizam a aula-laboratório e seus colegas estão a observá-los, a partir de um roteiro de observação que possui cinco indicadores de registro, como se segue:

a) **Identificação.** Nome da instituição, ano, turma, turno, número de aprendentes, responsável pela turma, tema da aula, formulação do objetivo específico.

b) **Organização do plano de aula.** Descrição de todas as partes da aula; adequação do objetivo às características da turma e ao tema proposto; sequenciamento dos procedimentos didático-metodológicos, em compatibilidade com as características dos aprendentes e com o objetivo da aula; definição de critérios de avaliação relacionados aos objetivos.

c) **Ações para orientar os aprendentes no processo de aprendizagem.** Apresentação do tema e objetivo da aula; utilização de linguagem clara e objetiva na exposição das tarefas/problemas; capacidade para demonstrar segurança e para cativar a atenção dos aprendentes; utilização eficiente dos materiais e espaços; acompanhamento visual de toda a turma, variando de posição e foco de atenção; incentivo à participação dos aprendentes, adaptando as tarefas aos seus interesses e aos objetivos da aula; utilização de retroações, relacionando o assunto aos conhecimentos anteriores.

d) **Condutas de intervenção sobre as situações de aprendizagem.** Aplicação de medidas disciplinares, construídas pelo grupo; manutenção da estabilidade das atividades; mediação dos conflitos; respeito à rotina da aula; apoio e motivação aos aprendentes nas suas tarefas; estímulo à interação entre os aprendentes.

e) **Avaliação da aula.** Compatibilidade com o que estava previsto no objetivo; acontecimentos que fugiram da rotina (alteração do planejamento, atividades que não deram certo, procedimentos que não se adequaram à proposta adotada, entre outros).

Em pesquisa-ação com um grupo de PFI (Martiny; Gomes-da-Silva, 2014), descobrimos que, no Método Pecre, a observação participante está desdobrada em três atitudes que denominamos de: espelhada, incorporada e colaborativa, que são desencadeadas em progressão. Como se

Passa mais tempo observando quem ministra aula, em uma proporção aproximada de três observações para uma regência, decorre progressivamente uma qualificação das observações.

Primeiro, uma observação espelhada, em que o PFI, ao ver a aula do seu colega, as compara mentalmente com as próprias condutas. Expressões do tipo "eu faço isso"; "eu não faço assim", ou "será que eu faço deste jeito?" tornam-se presentes neste tipo de observação. Tal observação também poderia ter sido chamada de "observação vicária", nas palavras de Bandura (2008), ao se referir aos processos de aprendizagem social que ocorrem entre as crianças.

Encontramos ainda outra atitude nesse tempo de observar o colega no estágio, a observação incorporativa, em que o PFI observa seu colega ministrando aula e resolve incorporar as estratégias ou as atividades por ele realizadas na própria aula. E, por fim, a observação colaborativa, quando o PFI auxilia quem está ministrando, fazendo os registros dos aspectos que necessitam de ajustes. Estes comentários são posteriormente apresentados no grupo dialogal, na expectativa de ajudar o colega em sua próxima regência.

Grupos dialogais

Outro procedimento utilizado na organização da dinâmica do Método Pecre é o grupo dialogal (Domingues, 2011), momento de falas dos PFI. Configura-se como pequenas reuniões realizadas logo após a regência das aulas (com uma frequência de pelo menos duas vezes por semana), nas quais os PFI reúnem-se com o supervisor e, de posse dos registros apontados pela observação colaborativa, abrem uma discussão a respeito das aulas do dia. Nesse momento manifestam-se os dilemas encontrados durante as aulas, estratégias que obtiveram êxito ou não, conflitos percebidos, construção de soluções para problemas detectados, diálogos reflexivos sobre conteúdos, comportamentos, dúvidas, entre outros temas geradores. É um momento de diálogo com participação ativa de todos os componentes, caracterizando o grupo dialogal.

PROFESSOR EXPERIENCIAL, COLABORATIVO E REFLEXIVO: MÉTODO PARA O ESTÁGIO SUPERVISIONADO EM EDUCAÇÃO FÍSICA

O grupo dialogal fica aberto às problematizações originadas pela emergência de situações observadas durante as aulas, apresentadas em forma de questões. Busca-se gerar reflexão coletiva e manter a liberdade dos PFI para emitirem diferentes avaliações e opiniões acerca da aula ministrada, apesar de todos se inspirarem nos mesmos indicadores da observação participante. É na interação das opiniões, das justificativas, da argumentação, que vai se produzindo uma reflexão consistente sobre a aula ministrada.

A discussão é desencadeada pelo moderador, que pode ser o supervisor, quando este estiver com o grupo, como pode ser pelo líder do grupo de PFI daquela semana. Cabe ao moderador criar um ambiente propício para que diferentes pontos de vista venham à tona, sem que haja pressão para que os participantes cheguem a um consenso, podem apenas fazer elogios ou apontar problemas. A tarefa do moderador é propiciar um ambiente descontraído para a troca de experiências e perspectivas, mas também de maturidade para formular e receber as críticas. Deve-se manter a franqueza e a profundidade da troca, sem, no entanto, cair nas incontornáveis discussões bilaterais ou em recusa sistemática de emitir opiniões.

Empregamos esse procedimento por possibilitar a reflexão crítica da aula que está sendo abordada, ao enriquecer a discussão e fazer emergir problemáticas não percebidas individualmente, bem como aprofundar aspectos teórico-metodológicos da aula em questão. Sugerimos que as discussões nos grupos dialogais aconteçam preferencialmente em um dos ambientes da escola (a sala dos professores, por exemplo), para que a presença dos PFI na escola seja visivelmente marcante, bem como recomendamos que sejam gravadas e transcritas. O grupo dialogal tem duração de uma hora, e todas as aulas devem ser objeto de discussão. Os registros dos grupos dialogais, com os registros nas observações dos planos de aula (feita pelo próprio PFI que ministrou a aula), bem como o registro das observações colaborativas, irão compor um dos capítulos do Relatório Final sobre a docência.

Ao final do estágio, fundamentado nas observações e discussões das aulas, o grupo realiza a avaliação final do desempenho no estágio, autoavaliação e avaliação coletiva, com base nos seguintes indicadores:

209

PROFESSOR EXPERIENCIAL, COLABORATIVO E REFLEXIVO: MÉTODO PARA O ESTÁGIO SUPERVISIONADO EM EDUCAÇÃO FÍSICA

a) **Capacidade de planejar.** Apresentar coerência entre objetivo específico, procedimento metodológico e avaliação.

b) **Comunicação e expressão.** Comunicar-se com objetividade e clareza, timbre de voz ajustado.

c) **Domínio da turma.** Manter a atenção e interesse dos aprendentes nas aulas; domínio de conteúdo; relação produtiva com a comunidade escolar;

d) **Relação PFI-aprendente.** Clima agradável nas aulas, mantendo uma relação professor-aprendente amistosa, participativa e afirmativa;

e) **Registro das observações das próprias aulas e das aulas dos colegas.** Responsabilidade e interesse: empenho no cumprimento dos deveres do estágio, assiduidade e pontualidade;

f) **Maturidade crítica.** De um lado, formulação de críticas consistentes, e, de outro, aceitação das críticas com abertura para discussão; e avaliação (realização da autoavaliação em cada aula e de todo o estágio).

Seminário temático

Os seminários são momentos reservados para examinar, ponderar e repensar as aulas ministradas. Em uma espécie de extrapolação dos grupos dialogais, os Seminários Temáticos são geridos pelo coordenador geral, que sugerimos aconteçam pelo menos uma vez por mês na Instituição de Ensino Superior, reunindo todos os grupos dos PFI, com duração de quatro horas. São "temáticos" porque em cada seminário é discutido uma temática do cotidiano escolar que tenha sido objeto de preocupação no estágio durante aquele mês.

A cada semestre os temas são sugeridos pelos PFI, dependendo da necessidade. Por exemplo: relação professor-aprendente, motivação, aprendentes desatentos, *bullying*, indisciplina e violência escolar, componentes afetivos da aprendizagem, avaliação, cultura escolar, concepção de Educação Física na escola.

Seja qual for o tema, os seminários se constituem em uma abertura de espaços de diálogo reflexivo, para que, a partir deles, os problemas deixem de ser individuais e se tornem coletivos, visto que a finalidade é buscar soluções coletivas. Por isso esses seminários se prestam para apresentar, discutir, analisar, avaliar, construir e reconstruir conhecimentos pedagógicos capazes de contribuir na fundamentação de uma prática profissional e na emergência de saberes da prática, construídos de forma dinâmica, interativa e coletiva.

Os seminários temáticos também podem contemplar oficinas de formação, para que os aprendentes melhor subsidiem suas práticas, abordando temas que a formação do PFI até então eventualmente não tenha oferecidos (por exemplo: capoeira, circo, técnicas corporais orientais).

Vídeo etnográfico

A partir do trabalho de Fonseca (1995) com a antropologia visual, indicamos mais este recurso de pesquisa no estágio: a elaboração de um "texto visual" das aulas ministradas pelos PFI, a fim de que visualizem nas imagens em movimento as próprias aulas, suas condutas didáticas, e cheguem às próprias conclusões sobre suas formas de propor e gerenciar as Situações de Movimento, os modos de reação dos aprendentes diante do desafio proposto, os conflitos desencadeados nas aulas, a mediação dos conflitos, movimentação pelo espaço durante a aula, entre outros aspectos.

Ao nos apropriarmos das novas tecnologias digitais de informação e de comunicação, enriquecemos sobremaneira nossa "pesquisa-docência", ou seja, utilizamos as imagens animadas como outro tipo de indicador da realidade, capaz de registrar ações que poderiam escapar ao olhar na observação direta ou por meio de anotações escritas. O uso do audiovisual permite então que se enriqueçam os campos de análises já existentes.

Ao usar a técnica de filmagem como apreensão da realidade, propõe-se uma seleção de imagens direcionadas pela nossa intenção. Por isso o registro filmográfico (tipo de imagem, ângulos, enquadramentos) deve priorizar, de um lado, as ações do PFI na proposição das Situações de Movimento, na organização dos grupos, na ocupação dos espaços, no *timing* para mudar a atividade, na condução dos procedimentos de disciplina. E, de outro lado, na reação dos aprendentes em decorrência das ações do PFI: rostos, movimentos, organização dos grupos, aceitação das atividades, sugestões.

É necessário antecipar aos aprendentes o objetivo da filmagem, informando-os sobre a importância da sua participação da forma mais natural possível. Os vídeos constituem uma edição de todo o estágio, e não deve exceder seis minutos. Deve destacar as ações docentes e reações discentes, e incluir depoimentos dos PFI sobre as aprendizagens propiciadas pelo estágio. Esse vídeo deve contar a história de como foi o estágio para cada um dos componentes do grupo de PFI. Por isso, ao final, depois da apresentação desses vídeos no último Seminário Temático, e desde que aprovado por todos, são postados em um canal do *youtube*®, passando a constituir-se em um registro estético e publicizado do Estágio.

Na mesma direção, destacamos pesquisa de Mendes (2016), que, com base na semiótica peirceana, dinamizou o Estágio Supervisionado em um curso de licenciatura em Educação Física com a mediação da fotografia e do audiovisual, os quais subsidiaram análises e reflexões coletivas, presenciais e por meio de redes social da internet (*on-line*) sobre as práticas pedagógicas desenvolvidas nas aulas ministradas pelos PFI. Concluiu o autor que a perspectiva semiótica do estágio:

(i) subsidiou a capacidade dos PFI de pensar a partir das imagens, o que repercutiu por sua vez na capacidade de analisar as práticas pedagógicas de forma mais criteriosa, racional e autodeterminada;

(ii) permitiu ampliar a aprendizagem por meio do confronto e da interlocução com diferentes pontos de vista;

(iii) a comunicação em rede e seus predicados expandiu a interconexão entre os agentes do Estágio (supervisores, PFI, estudantes da educação básica), ampliando a colaboração na produção do saber pedagógico;

(iv) contribuiu para a formação de uma conduta docente mais dialógica e consciente da relevância do trabalho coletivo e colaborativo entre os PFI.

3.3. PROFESSOR REFLEXIVO

Em pesquisa realizada com professores em formação inicial (Martiny; Gomes da Silva, 204) e continuada em dança (Florêncio; Gomes-da-Silva, 2015), vimos o quanto a ação reflexiva contínua, própria do

PROFESSOR EXPERIENCIAL, COLABORATIVO E REFLEXIVO: MÉTODO PARA O ESTÁGIO SUPERVISIONADO EM EDUCAÇÃO FÍSICA

Método Pecre, foi capaz de elevar o nível de consciência sobre a ação pedagógica e de ampliar as capacidades dos professores atuarem como pesquisadores em suas ações pedagógicas cotidianas. De modo que o ato reflexivo é capaz de auiliar os professores e professoras a enfrentarem suas limitações tanto no nível individual quanto coletivo, e agirem na construção de um projeto de superação dos limites.

A atitude de professor reflexivo é movida pela necessidade de transformação não apenas de si mesmo ou de sua turma, mas da escola como um todo em seu projeto político-pedagógico, na qual os professores se apoiam e se estimulam mutuamente. No Método Pecre, desenvolvemos um dispositivo para realizar sessões reflexivas individuais, pois os momentos coletivos são alimentados e fortalecidos pelos momentos solitários.

3.3.1. Dispositivos para produção reflexiva
Sessão reflexiva

A sessão reflexiva procura criar oportunidades para aprofundar a reflexão sobre as ações docentes dos PFI. Nesse momento, os partícipes do estágio fazem uma análise crítica dessas ações com vistas à transformação. A resultante dessa dinâmica interativa nas sessões reflexivas gera uma aprendizagem que, segundo Horikawa (2008, p. 142), pode ser traduzida pelo PFI em termos "[...] dos valores pedagógicos, culturais, sociais e históricos que estão nelas implicadas para que redirecione sua ação numa perspectiva emancipatória". Para a autora, essa análise demonstra que a interação redimensiona os objetivos dos professores, colocando-os em negociação permanente com base na argumentação.

Implica, para Magalhães (2004), propiciar aos professores a apreciação de novas organizações discursivas que lhes permitam descrever e avaliar suas ações docentes na interação com o outro. Isso envolve a compreensão dos papéis dos participantes no questionamento e na construção das significações de forma colaborativa. Uma vez que a meta principal da ação reflexiva é a reconstrução, esta não pode acontecer de forma impositiva, mas ser constituída dialogicamente na mediação comunicativa. O diálogo permeia, portanto, toda a reflexão.

Nesse processo de construção da reflexão crítica, a ideia básica é que os participantes se voltem para as próprias ações, busquem explicações para elas, questionem-nas e reconstruam-nas. Esse processo, inspirado no trabalho de Freire (1987) e segundo Magalhães (2004), exige quatro diferentes formas de ação para orientar os professores na reflexão:

(i) a **descrição**, que dá significado ao que faço;
(ii) a **informação**, que responde ao que isso significa;
(iii) o **confronto**, o qual questiona o que me levou a agir dessa forma;
(iv) a **reconstrução**, que interroga como posso agir diferente. Essas são as questões mobilizadoras da reflexão crítica necessária para criar um ambiente de reflexibilidade.

Assim, projetamos as sessões reflexivas no Método Pecre com o intuito de focalizar o olhar do PFI na própria ação, produzindo espaços de reflexão sistematizada com possibilidades de redimensionar a prática. Nessa direção, as aulas-laboratório, as observações participantes, os grupos dialogais, os vídeos etnográficos e os demais procedimentos geram informações que devem ser organizadas e interpretadas.

Como nossa matriz é a semiótica peirciana, as quatro formas de ação propostas por Magalhães (2004) foram aqui adaptadas à tríade que caracteriza a lógica peirceana: Primeiridade, Secundidade e Terceiridade. A Sessão Reflexiva é um modo de olhar bem para o fenômeno da ação praticada e dizer quais são as suas características. Porque para Peirce são três as categorias universais da experiência, dispositivos para abrir os olhos mentais do que foi feito, do empreendimento pedagógico realizado. São elas:

1) **Ver:** olhar despido de aporte teórico, sem interpretação, consiste em uma descrição das qualidades das ações docentes realizadas;

2) **Atentar para:** a discriminação realista que se fixa sobre um aspecto específico, para compreender, como uma justificativa, por que procedeu de tal modo, fazendo um confronto se tal proceder obteve os resultados esperados;

PROFESSOR EXPERIENCIAL, COLABORATIVO E REFLEXIVO: MÉTODO PARA O ESTÁGIO SUPERVISIONADO EM EDUCAÇÃO FÍSICA

3) **Projetar:** poder generalizador que produz uma abstração para compreender o todo, despido dos acessórios irrelevantes.

O quadro 4, a seguir apresentado, sintetiza esses procedimentos propostos.

Quadro 4. Procedimentos para realizar as Sessões Reflexivas

Procedimentos	Questões mobilizadoras
Primeiridade "Descrever"	*Como você descreve suas aulas? Um resumo da aula.* Contexto espaço-temporal da aula. Objetivos da aula. Situações de aprendizagem empregadas. Participação dos aprendentes.
Secundidade "Confrontar"	*Qual é o embasamento de sua prática e de suas condutas pedagógicas?* Justifique a opção pelas situações de movimento propostas. Identifique seu papel como partícipe da mediação no processo de ensino-aprendizagem. Atitude assumida com os aprendentes. Quais foram as dificuldades encontradas e suas possíveis causas. Os objetivos foram ou não atingidos? Por quê? Como você avalia a situação proposta e as experiências dos aprendentes? Houve avanço na aprendizagem dos seus aprendentes, na perspectiva da proposta adotada? Como se evidenciou?
Terceiro "Reconstruir"	O que mudaria em suas aulas? O que mudaria na proposta adotada? Por que faria tais mudanças?

Fonte: Adaptado das categorias apresentadas por Magalhães (2004).

As sessões obedecem a dois momentos. No primeiro, o PFI reflete sobre a própria prática, um exercício que Ibiapina e Ferreira (2003) denominam de reflexão intrapessoal ou autorreflexão. Segue-se a este uma reflexão interpessoal ou coletiva, na qual o processo dialógico é instalado, quando o PFI apresenta ou revê situações já colocadas na autorreflexão, ou ainda contempla aspectos não observados no primeiro momento.

O trabalho desenvolvido por Camilo e Betti (2010) e Camilo (2012), em que o professor de Educação Física foi também o pesquisador, evidenciou as possibilidades da reflexão individual para promover o desenvolvimento profissional, bem como transformações nas práticas escolares. Com base em Stenhouse (2007), os autores instauraram e interpretaram um processo de investigação-ação centrado na figura do "professor-pesquisador" com uma turma de aprendentes do 5º ano do Ensino Fundamental, com o objetivo de verificar possibilidades de atualização na abordagem de conteúdos da Educação Física mediante a integração das mídias como recursos de ensino-aprendizagem. Concluíram que o processo contribuiu sobremaneira para a melhor compreensão das contingências da prática pedagógica, do planejamento flexível, da importância dos alunos atribuírem sentidos ao que é proposto, e do papel do professor como interlocutor nos processos de ensino-aprendizagem.

Mas é na reflexão interpessoal, coletiva, que o ciclo da reflexão se completa e se enriquece, como fruto do diálogo com outros PFI e com os professores.

Esse processo evidencia que, ao dar-se vez e voz ao PFI, este pode olhar a sua prática em diferentes dimensões na perspectiva crítica. São esses espaços reflexivos, então, que possibilitam ao professor pensar e repensar seu conhecer, seu conviver, e ir assim emoldurando o seu "ser professor". Com o olhar de seus pares como referência, o PFI, por meio do processo reflexivo, tem oportunidade de construir novas significações para suas ações cotidianas desenvolvendo um olhar mais atento para alguns aspectos desse agir.

Nessa perspectiva, sugerimos que sejam realizadas três sessões reflexivas, uma a cada cerca de seis a nove aulas ministradas, ou a cada três semanas, tendo como objeto os vídeos das aulas-laboratório que foram realizados no espaço-tempo do estágio.

Por intermédio do Método Pecre, que é ao mesmo tempo método de ensino e de pesquisa, objetivamos favorecer a construção de um modo de intervir docente que seja comunicativo, consciente dos seus atos, criativo, crítico e amoroso, porque responsável e comprometido socialmente. Todo o percurso trilhado, desde a construção do memorial até as sessões reflexivas, passando pelas observações participantes, busca contribuir na formação de professores abertos a novas experiências, conscientes das Situações de Movimento como *locus* privilegiado de aprendizagens.

O Método Pecre visa formar professores para atuarem em uma lógica da colaboração, ou em uma cultura de colegialidade e diversidade, cuja atuação se dá em uma rede colaborativa de trabalho docente. Objetiva, também, formar o professor capaz de refletir sobre a própria prática, entendendo-a como um laboratório profissional e existencial, cujo exercício de aperfeiçoamento é fruto de um compromisso social para consigo mesmo e para com toda a comunidade.

Completando a obra com o(a) professor(a)-leitor(a)

No início de nossa conversa, nas primeiras páginas, apresentamos este livro a você, professor e professora, como um texto em aberto, como um convite à sua reflexão e ação pedagógicas. Ao final daquela introdução, há uma ilustração em que aprendentes e professores pintam um mural com imagens que representam algumas Situações de Movimento. Observe que está incompleto, os protagonistas (aprendentes e professores) ainda o estão preenchendo. Nossa inspiração veio da obra "Mural da Participação Popular", instalada em Brasília (DF), de autoria do famoso arquiteto brasileiro Oscar Niemeyer.

A ideia que permeia o referido mural é que a participação popular e os direitos cidadãos não são outorgados pelos poderosos, mas têm que ser conquistados e sempre renovados por todos e todas; e também assim pensamos este livro.

Por isso, pedimos a você, professora e professor, que nos ajude a completar a obra, compartilhando conosco as reflexões e práticas que este livro porventura lhe inspiraram.

Sugerimos que você retome os escritos das seções "Agora é sua vez...", elaborando uma síntese reflexiva de cada um dos tópicos nas páginas em branco que se seguem. Depois, solicitamos comentários e sugestões sobre o conteúdo do livro. Por fim, propomos que complete o mural (que agora será apresentado vazio) e produza a própria ilustração com imagens que expressem suas práticas e sua interações com os aprendentes, bem como seus sentimentos, suas reflexões, suas dúvidas, suas conclusões, decorrentes da leitura do livro de Mauro e Pierre.

Se quiser ir mais adiante, faça cópias do "Mural" para seus aprendentes e peça a eles que desenhem as situações de aulas que mais lhes marcaram.

Depois nos envie todo o material, que poderá ser destacado do livro e enviado pelos correios, ou escaneado/fotografado e enviado por *e-mail*.

Cortez Editora, Rua Monte Alegre, 1074 –
Perdizes, São Paulo – SP, CEP 05014-001.
livromauropierre@gmail.com

Obrigado por nos acompanhar até aqui!

SÍNTESES REFLEXIVAS

Nome*:_____

* Informe apenas se desejar

Cidade/Estado_____/_____

Cap. I – Aproximação à Educação Física

COMPLETANDO A OBRA COM O(A) PROFESSOR(A)-LEITOR(A)

Cap. II – Vamos conversar sobre os princípios didático-pedagógicos e conteúdos da Educação Física

Cap. III – Vamos conversar sobre a aula de Educação Física

Cap. IV – Professor experiencial, colaborativo e reflexivo: método para o estágio supervisionado em Educação Física

COMENTÁRIOS E SUGESTÕES SOBRE
O CONTEÚDO DO LIVRO

Completando a obra com o(a) professor(a)-leitor(a)

ILUSTRE SEU MURAL!

Referências

ALMEIDA, Patrícia C. de A.; BIAJONE, Jefferson. Saberes docentes e formação inicial de professores: implicações e desafios para as propostas de formação. *Educação e Pesquisa*, São Paulo, v. 33, n. 2, p. 281-295, maio/ago. 2007.

ALTMANN, Helena. *Educação física escolar:* relações de gênero em jogo. São Paulo: Cortez, 2015.

ALVES, Rubem. *Livro sem fim.* São Paulo: Loyola, 2002.

ANDRADE, Fernando C. B. de; CARVALHO, Maria E. P. de. (Org.). *Instituir para ensinar e aprender:* introdução à pedagogia institucional. João Pessoa: Ed. UFPB, 2009.

ANDRÉ, Marli E. D. A. Avanços no conhecimento etnográfico da escola. In: FAZENDA, I. (Org.). *A pesquisa em educação e as transformações do conhecimento.* 2. ed. Campinas: Papirus, 1997.

_____. *Estudo de caso em pesquisa e avaliação educacional.* Brasília, DF: Líber Livro, 2005.

_____. Um projeto coletivo de investigação da prática pedagógica de professores da escola normal. In: FAZENDA, Ivani Catarina Arantes (Org.). *Novos enfoques da pesquisa educacional.* São Paulo: Cortez Editora Editora, 1992.

ANTÉRIO, Djavan; GOMES-DA-SILVA, Pierre N. A comunicação corporal como saber docente. *Reflexão e Ação*, Santa Cruz do Sul, v. 23, p. 446-469, jan./jun. 2015.

_____. Corpo comunicativo: analisando a comunicação corporal por meio da gestualidade do educador. *Vivência*, Natal, v. 1, n. 40, p. 183-189, 2012.

ASSMANN, Hugo. *Reencantar a educação*: rumo à sociedade aprendente. Petrópolis: Vozes, 1998.

AZEVEDO, Nair C. S. de; BETTI, Mauro. Escola de tempo integral e ludicidade: os pontos de vista de alunos do 1º ano do Ensino Fundamental. *Revista Brasileira de Estudos Pedagógicos*, Brasília, DF, v. 95, n.240, p. 255-275, maio/ago. 2014.

BAKHTIN, Mikhail. *Estética da criação verbal.* São Paulo: Martins Fontes, 2011.

REFERÊNCIAS

BAKHTIN, Mikhail. *Marxismo e filosofia da linguagem*. 4. ed. São Paulo: Hucitec, 1988.

_____. Os gêneros do discurso. In: _____. *Estética da criação verbal*. São Paulo: Martins Fontes, 2003. p. 261-306.

BALBINO, Hermes F.; PAES, Roberto R. *Jogos desportivos coletivos e as inteligências múltiplas*: bases para uma proposta em pedagogia do esporte. Hortolândia: Unasp, 2007.

BALDIN, Nelma *et al*. Escola: vamos praticar jogos ambientais? Buscando uma pedagogia para valorizar a água, para valorizar a vida. *Cadernos de Educação* FaE/PPGE/ UFPel, Pelotas, v. 39, p. 265-284, maio/ago. 2011.

BANDURA, Albert; AZZI, Roberta G. *Teoria social cognitiva*: conceitos básicos. Porto Alegre: Artes Médicas, 2008.

BARTHES, Roland. *O rumor da língua*. Tradução de Mário Laranjeira. São Paulo: Brasiliense, 1988.

BECKER, Fernando. *A epistemologia do professor*: o cotidiano da escola. 8. ed. Petrópolis: Vozes, 2002.

BETTI, Mauro. *Educação física e sociedade:* a educação física na escola brasileira de 1º e 2º graus. São Paulo: Movimento, 1991.

_____. *Educação física escolar*: ensino e pesquisa-ação. 2. ed. Ijuí: Ed. da Unijuí, 2013.

_____. Educação física, esporte e cidadania. *Revista Brasileira de Ciências do Esporte*, Florianópolis, v. 20, n. 2-3, p. 84-92, abr./set. 1999.

_____. O que a semiótica inspira ao ensino da educação física. *Discorpo*, São Paulo, n.3, p. 25-45, 1994a.

_____. Valores e finalidades na educação física escolar: uma concepção sistêmica. *Revista Brasileira de Ciências do Esporte*, Santa Maria, v. 16, n. 1, p. 14-21, out. 1994b.

_____: FERRAZ, Osvaldo L., DANTAS, Luiz E. P. B. T. Educação física escolar: estado da arte e direções futuras. *Revista Brasileira de Educação Física e Esporte,* São Paulo, v. 25, p. 105-115, dez. 2011. N. esp.

_____; GOMES-DA-SILVA, Eliane; GOMES-DA-SILVA, Pierre N. Educação física em perspectiva semiótica: a investigação científica para além das dicotomias In: STIGGER, Marco Paulo (Org.). *Educação física + humanas*. Campinas: Autores Associados, 2015. p. 89-109.

REFERÊNCIAS

BETTI, Mauro; ZULIANI, Luiz R. Educação física escolar: uma proposta de diretrizes pedagógicas. *Revista Mackenzie de Educação Física e Esporte*, São Paulo, v. 1, n. 1, p. 73-81, 2002.

BEZERRA, Brígida B. *et al.* 10 anos de estágio supervisionado no curso de educação física na Universidade Federal da Paraíba. *Coleção Pesquisa em Educação Física*, Jundiaí, v. 11, n. 1, p. 7-16, 2012.

BEZERRA-TINOCO, Elizabeth J. *Educar para a solidariedade*: uma perspectiva para a educação física escolar. 2007. 345 f. Tese (Doutorado em Educação) – Universidade Federal do Rio Grande do Norte, Natal, 2007.

BHABHA, Homi K. *O local da cultura*. Belo Horizonte: Editora UFMG, 1998.

BRASIL, Congresso Nacional. Lei n. 9.394, de 20 de dezembro de 1996. Estabelece as diretrizes e bases da educação nacional. *Diário Oficial da União*, Brasília, DF, 23 dez. 1996. Disponível em: <http://www.planalto.gov.br/ccivil_03/leis/L9394.htm>. Acesso em: 28 set. 2017.

_____. Lei 10.793, de 1º de dezembro de 2003. Altera a redação do art. 26, § 3º, e do art. 92 da Lei n. 9.394, de 20 de dezembro de 1996, que «estabelece as diretrizes e bases da educação nacional», e dá outras providências. *Diário Oficial da União*, Brasília, DF, 2 dez. 2003. Disponível em: <http://www.planalto.gov.br/ccivil_03/_ato2011-2014/2013/lei/l12796.htm>. Acesso em: 22 set. 2017.

_____. Lei n. 12.014, de 6 de agosto de 2009. Altera o art. 61 da Lei n. 9.394, de 20 de dezembro de 1996, com a finalidade de discriminar as categorias de trabalhadores que se devem considerar profissionais da educação. *Diário Oficial da União*, Brasília, DF, 7 ago. 2009. Disponível em: <http://www.planalto.gov.br/ccivil_03/_ato2007-2010/2009/lei/l12014.htm>. Acesso em: 11 abr. 2016.

_____. Lei n. 12.796, de 4 de abril de 2013. Altera a Lei n. 9.394, de 20 de dezembro de 1996, que estabelece as diretrizes e bases da educação nacional, para dispor sobre a formação dos profissionais da educação e dar outras providências. *Diário Oficial da União*, Brasília, DF, 5 abr. 2013. Disponível em: <http://www.planalto.gov.br/ccivil_03/_ato2011-2014/2013/lei/l12796.htm>. Acesso em: 22 set. 2017.

_____. Lei n. 13.415, de 16 de fevereiro de 2017. Altera as Leis nn. 9.394, de 20 de dezembro de 1996, que estabelece as diretrizes e bases da educação nacional, e 11.494, de 20 de junho 2007, que regulamenta o Fundo de Manutenção e Desenvolvimento da Educação Básica e de Valorização dos Profissionais da Educação, a Consolidação das

REFERÊNCIAS

Leis do Trabalho (CLT), aprovada pelo Decreto-Lei n. 5.452, de 1º de maio de 1943, e o Decreto-Lei n. 236, de 28 de fevereiro de 1967; revoga a Lei n. 11.161, de 5 de agosto de 2005; e institui a Política de Fomento à Implementação de Escolas de Ensino Médio em Tempo Integral. Disponível em: <http://www.planalto.gov.br/ccivil_03/_ato2015-2018/2017/Lei/L13415.htm>. Acesso em: 10 dez. 2017.

BRASIL, Conselho Nacional de Educação. Parecer n. 9, de 8 de maio de 2001. Diretrizes Curriculares Nacionais para a Formação de Professores da Educação Básica, em nível superior, curso de licenciatura, de graduação. *Diário Oficial da União*, Brasília, DF, 18 jan. 2002. Disponível em: <http://portal.mec.gov.br/cne/arquivos/pdf/009.pdf>. Acesso em: 14 fev. 2017.

_____. Resolução CNE/CP n. 2, de 19 de fevereiro de 2002. Institui a duração e a carga horária dos cursos de licenciatura, de graduação plena, de formação de professores da Educação Básica em nível superior. *Diário Oficial da União*, Brasília, DF, 4 mar. 2002. Disponível em: <http://portal.mec.gov.br/cne/arquivos/pdf/CP022002.pdf>. Acesso em: 16 set. 2017.

_____. Parecer CNE/CP n. 2, 1º de julho de 2015. Define as Diretrizes Curriculares Nacionais para a formação inicial em nível superior (cursos de licenciatura, cursos de formação pedagógica para graduados e cursos de segunda licenciatura) e para a formação continuada. *Diário Oficial da União*, Brasília, DF, 2 jul. 2015. Disponível em: <http://portal.mec.gov.br/docman/agosto-2017-pdf/70431-res-cne-cp-002-03072015-pdf/file>. Acesso em: 10 ago. 2018.

_____. Ministério da Educação. Linguagens, códigos e suas tecnologias. *Parâmetros curriculares nacionais: ensino médio*. Brasília, DF: Ministério da Educação, 2000. Disponível em: <http://portal.mec.gov.br/seb/arquivos/pdf/14_24.pdf>. Acesso em: 20 jun. 2017.

_____. *Base nacional comum curricular*: educação é a base. Brasília-DF: Ministério da Educação, 2018. Disponível em: <http://basenacionalcomum.mec.gov.br/wp-content/uploads/2018/04/BNCC_19mar2018_versaofinal.pdf>. Acesso em: 26 abr. 2018.

_____. Ministério da Educação e do Desporto. Secretaria de Educação Fundamental. *Parâmetros curriculares nacionais*: terceiro e quarto ciclos do ensino fundamental – educação física. Brasília-DF: Ministério da Educação e do Desporto, 1998. Disponível em: <http://portal.mec.gov.br/seb/arquivos/pdf/fisica.pdf>. Acesso em: jul. 2017.

REFERÊNCIAS

BROUGÈRE, Gilles. *Brinquedo e cultura*. São Paulo: Cortez Editora Editora, 1994.

BUNKER, D.; THORPE, R. A model for the teaching of games in the secondary school. *Bulletin of Physical Education*, v.10, p. 9-16, 1982.

BUNKER, David; THORPE, Rod. The curriculum model. In: _____; ALMOND, Len. (Ed.). *Rethinking games teaching*. Loughborough: University of Technology, Loughborough, 1986. p. 7-10.

CAMILO, Rodrigo C. *Mídias e linguagem audiovisual*: investigando possibilidades na prática pedagógica do professor de educação física. 2012. 209 f. Dissertação (Mestrado em Educação) – Universidade Estadual Paulista, Faculdade de Ciências e Tecnologia, Presidente Prudente, 2012.

CAMILO, Rodrigo C.; BETTI, Mauro. Multiplicação e convergência das mídias: desafios para a educação física escolar. *Motrivivência*, Florianópolis, n. 34, p.122-135, jun. 2010.

CASTRO, Luis S.; GOMES-DA-SILVA, Pierre N; OLIVEIRA, Ana B. H. de. Estágio supervisionado em educação física: docência e pesquisa na escola de Educação Física da UFPB. In: JEZINE, Edineide. (Org.). *Desafios pedagógicos*: práticas educativa na escola básica. João Pessoa: UFPB, 2009. p. 85-102.

CIVITATE, Héctor. *505 jogos cooperativos e competitivos*. 2. ed. Rio de Janeiro: Sprint, 2005.

COLETIVO DE AUTORES. *Metodologia do ensino de educação física*. São Paulo: Cortez Editora, 1992. (Magistério 2º grau).

COSTA, Alan Q. da. *Mídias e jogos*: do virtual para uma experiência corporal educativa. 2006. 190 f. Dissertação (Mestrado em Ciências da Motricidade) – Instituto de Biociências, Universidade Estadual Paulista, Rio Claro, 2006.

_____; BETTI, Mauro. Mídias e jogos: do virtual para uma experiência corporal educativa. *Revista Brasileira de Ciências do Esporte*, Campinas, v. 27, n.2, p. 165-178, jan. 2006.

COSTA, Sandra B. da; GOMES-DA-SILVA, Pierre N.; GONÇALVES, Danielle M. de O. Analysis of fluency, space, weight and time in the walking of the Physical Education teacher during classes. *Motricidade*, Ribeira de Pena, v. 13, special issue, p. 25-33, 2017.

DAOLIO, Jocimar. *Cultura: educação física e futebol*. Campinas: Ed. da Unicamp, 1997.

REFERÊNCIAS

DAOLIO, Jocimar. Educação física escolar: em busca da pluralidade. *Revista Paulista de Educação Física*, São Paulo, supl. 2, p. 40-42, 1996.

DEMO, Pedro. *Educar pela pesquisa*. São Paulo: Autores Associados, 1996.

_____. *Pesquisa*: princípio científico e educativo. 12. ed. São Paulo: Cortez Editora, 1991.

_____. *Pesquisa e construção do conhecimento*. Rio de Janeiro: Tempo Brasileiro, 1994.

DOMINGUES, Isaneide. Grupos dialogais: compreendendo os limites entre pesquisa e formação. In: PIMENTA, Selma G. *et al.* (Orgs.). *Pesquisa em educação*: alternativas investigativas com objetos complexos. 2. ed. São Paulo: Loyola, 2011. p. 25-64.

DUBAR, Claude. *A socialização*: construção das identidades sociais e profissionais. São Paulo: Martins Fontes, 2005.

ECO, Umberto. *A estrutura ausente*. São Paulo: Perspectiva, 1997.

ELLIOTT, John. *El cambio educativo desde la investigación-acción*. Madrid: Morata, 1993.

FAZENDA, Ivani (Org.). *A pesquisa em educação e as transformações do conhecimento*. 6. ed. Campinas: Papirus, 1997.

_____. *Metodologia da pesquisa educacional*. São Paulo: Cortez Editora, 1989.

_____. *Novos enfoques da pesquisa educacional*. São Paulo: Cortez Editora, 1992.

FERREIRA-SANTOS, Marcos; ALMEIDA, Rogério. *Antropolíticas da educação*. São Paulo: Kepos, 2011.

FIGUEIREDO JUNIOR, José M. de; GOMES-DA-SILVA, Pierre N. Formação profissional e campo de intervenção em educação física no estado da Paraíba. *EFDeportes. com Revista Digital*, Buenos Aires, v. 18, n. 181, p.1-10, jun. 2013.

FLORÊNCIO, Samara Q. do N.; GOMES-DA-SILVA, Pierre N. A pesquisa colaborativa na educação física escolar. *Movimento*, Porto Alegre, v. 23, n. 1, p.325-338, jan./mar. 2017.

_____. (In)consciência e saberes profissionais: repercussões da ação reflexiva na prática pedagógica. *Pensar a Prática*, Goiânia, v. 18, n. 3, p. 650-661, jul./set. 2015.

FONSECA, Claudia. Noética do vídeo etnográfico. *Horizontes Antropológicos*, Porto Alegre, v. 1, n. 2, p. 187-206, jul./set. 1995.

Referências

FREIRE, João B. *O jogo*: entre o riso e o choro. Campinas: Autores Associados, 2002.

_____; SCAGLIA, Alcides. J. *Educação como prática corporal*. São Paulo: Scipione, 2003.

FREIRE, Paulo. *Pedagogia da autonomia*: saberes necessários à prática educativa. 12. ed. São Paulo: Paz e Terra, 1999.

_____. *Pedagogia do oprimido*. 17 ed. Rio de Janeiro: Paz e Terra, 1987. v. 21. (O mundo hoje).

_____; HORTON, Myles. *O caminho se faz caminhando*. Petrópolis: Vozes, 2003.

FREUD, Sigmund. Além do princípio do prazer, psicologia de grupos e outros trabalhos. In: _____. *Edição standard brasileira das obras psicológicas completas de Sigmund Freud XVIII*. Rio de Janeiro: Imago, 1996.

FRÖEBEL, Friedrich A. *A educação do homem*. Tradução e apresentação de Maria Helena Camara Bastos. Passo Fundo: Ed. UPF, 2001.

GARGANTA, Júlio. Para uma teoria dos jogos desportivos coletivos. In: GRAÇA, A.; OLIVEIRA, J. (Org.). *O ensino dos jogos desportivos*. 2. ed. Porto: Universidade do Porto, 1995. p. 11-25.

GAUTHIER, Clermont; TARDIF, Maurice. *A pedagogia*: teorias e práticas da antiguidade aos nossos dias. Rio de Janeiro: Vozes. 2011.

_____. *Por uma teoria da pedagogia*: pesquisas contemporâneas sobre o saber docente. Ijuí: Editora Unijuí, 1998.

GHEDIN, Evandro. Professor reflexivo: da alienação da técnica à autonomia da crítica. In: PIMENTA, S. G.; GHEDIN, E. (Orgs.). *Professor reflexivo no Brasil*: gênese e crítica de um conceito. 4. ed. São Paulo: Cortez Editora, 2006.

GIBSON, James J. *The ecological approach to visual perception*. New Jersey: Lawrence, 1986.

GIMENO-SACRISTÁN, José. A avaliação no ensino. In: _____; PÉREZ-GÓMEZ, Angel I. (Orgs.). *Compreender e transformar o ensino*. Tradução de Ernani F. da Fonseca Rosa. 4. ed. São Paulo: Artmed, 2000. p. 295-351.

GIROUX, Henry A. *Os professores como intelectuais*: rumo a uma pedagogia crítica. Porto Alegre: Artes Médicas,1997.

GOMES-DA-SILVA, Eliane. *Educação (física) infantil*: a experiência do se-movimentar. Ijuí: Ed. Ijuí, 2010a.

REFERÊNCIAS

GOMES-DA-SILVA, Eliane. *Movimento e educação infantil:* uma pesquisa-ação na perspectiva semiótica. 2012. 210 f. Tese (Doutorado em Educação) – Faculdade de Educação, Universidade de São Paulo, São Paulo, 2012c.

GOMES-DA-SILVA, Pierre N. A brincadeira de dar susto e o jogo da convivência. In: CAMINHA, Iraquitan de Oliveira (Org.). *Aprender a conviver.* João Pessoa: Ed. UFPB, 2007. p. 65-86.

_____. A corporeidade do movimento: por uma análise existencial das práticas corporais. In: HERMIDA, Jorge Fernando; ZÓBOLI, Fábio. *Corporeidade e educação.* João Pessoa: Ed. Universitária UFPB, 2012a. p. 139-173.

_____. A potência educativa do jogo da bola de gude. In: CAMINHA, Iraquitan de Oliveira (Org.). *Inconsciente e educação.* Curitiba: CRV, 2012b. p. 105-134.

_____. Corporeidade poética dos gestos educativos. In: POSSEBON, Fabrício (Org.). *Evangelho de Marcos.* João Pessoa: Ed. UFPB, 2010b. p. 67-94.

_____. Educação física escolar: uma apresentação de suas propostas pedagógicas. In: GUEDES, Onacir C. *Atividade física*: uma abordagem multidimensional. João Pessoa: Ideia, 1997. p. 89-105.

_____. *Educação física pela pedagogia da corporeidade*: um convite ao brincar. Curitiba: CRV, 2016.

_____. *O jogo da cultura e a cultura do jogo*: por uma semiótica da corporeidade. João Pessoa: Ed. UFPB, 2011.

_____ (Org.). *Oficina de brinquedos e brincadeiras.* Petrópolis: Vozes, 2013.

_____. Pedagogia da corporeidade: o decifrar e o subjetivar na educação. *Tempos e Espaços em Educação*, São Cristovã, v. 7, n.13, p. 15-30, maio/ago. 2014.

_____. Pedagogia da corporeidade e seu epicentro didático. *Revista Brasileira de Educação Física Escolar*, São Paulo, v. 1, n. 1, p. 136-166, 2015b.

_____ Prática de ensino em Educação Física: por uma formação do professor-pesquisador. In: HERMIDA, Jorge Fernando (Org.). *Educação física: conhecimento e saber escolar.* João Pessoa: Ed. UFPB, 2009. p. 103-128.

_____. *Semiótica dos jogos infantis.* João Pessoa: Ed. UFPB, 2015a.

REFERÊNCIAS

GUEDES, Onacir C.; BETTI, Mauro; GOMES-DA-SILVA, Eliane. Semiótica. In: GONZÁLEZ, Fernando Jaime; FENSTERSEIFER, Paulo Eduardo (Orgs.). *Dicionário Crítico de Educação Física*. 3. ed. rev. e ampl. Ijuí: Ed Unijuí, 2014. p. 603–608.

_____; CAVALCANTI; Katia B.; HILDEBRANDT, Rainer. A poética dos gestos dos jogadores. *Revista Brasileira de Ciências do Esporte*, Campinas, v.27, n.2, p. 105-120, jan. 2006.

GONZÁLEZ; Fernando J.; FENSTERSEIFER, Paulo E. Aula. In: _____ (Orgs.). *Dicionário Crítico de Educação Física*. 3. ed. rev. e ampl. Ijuí: Ed Unijuí, 2014. p. 64-67.

GRAÇA, Amândio; MESQUITA, Isabel. A investigação sobre os modelos de ensino dos jogos desportivos. *Revista Portuguesa de Ciências do Desporto*, Porto, v. 7, n. 3, p. 401-421, 2007.

GRECO, Pablo J.; BENDA, Rodolfo N. (Orgs.). *Da aprendizagem motora ao treinamento técnico*. Belo Horizonte: Ed. UFMG, 1998. v. 1. (Iniciação Esportiva Universal).

GUATTARI, Félix. *As três ecologias*. Campinas: Papirus, 2011.

HAGUETTE, Teresa M. F. *Metodologias qualitativas na sociologia*. 5. ed. Petrópolis: Vozes, 1997.

HORIKAWA, Alice Y. Pesquisa colaborativa: uma construção compartilhada de instrumentos. *Revista Intercâmbio*, São Paulo, v. 28, p. 22-42, 2008.

HOUAISS, Antônio. *Dicionário Eletrônico Houaiss da Língua Portuguesa*. São Paulo: Objetiva, 2001. 1 CD-ROM.

HUIZINGA, Johan. *Homo ludens*: o jogo como elemento da cultura. 3. ed. São Paulo: Perspectiva, 1996. v. 4. (Estudos).

IBIAPINA, Ivana M. L. de M.; FERREIRA, Maria S. Reflexão crítica: uma ferramenta para a formação docente. *Linguagens, Educação e Sociedade*, Teresina, n. 9, p. 73-80, dez. 2003.

IBRI, Ivo A. *Kósmos Noétos*: a arquitetura metafísica de Charles S. Peirce. São Paulo: Perspectiva-Hólon, 1992.

_____. O amor criativo como princípio heurístico na filosofia de Peirce. *Cognitio*, São Paulo, v. 6, n. 2, p. 187-199, jul./dez. 2005.

REFERÊNCIAS

JAPIASSU, Ricardo. O faz-de-conta e a criança pré-escolar. *Revista da Faeeba*, Salvador, v. 9, n. 14, p. 135-153, jul./dez. 2000,.

LACLAU, Ernesto; MOUFFE, Chantal. *Hegemonia e estratégia socialista*: por uma política democrática radical. São Paulo, Intermeios, 2015.

LEITE, Francisco B. Mikhail Mikhailovich Bakhtin: breve biografia e alguns conceitos. *Revista Magistro*, Duque de Caxias, v. 1, n.1, p. 43-63, 2011a.

LEITE, Yoshie U. F. *O lugar das práticas pedagógicas na formação inicial de professores*. São Paulo: Cultura Acadêmica, 2011b.

LÉVY, Pierre. *As tecnologias da inteligência*: o futuro do pensamento na era da informática. 2. ed. Rio de Janeiro: Editora 34, 1995,.

LIBÂNEO, José C. *Didática*. São Paulo: Cortez Editora, 1994. (Magistério 2º grau).

LORENZETTI, Leonir; DELIZOICOV, Demétrio. Alfabetização científica no contexto das séries iniciais. *Ensaio: Pesquisa em Educação em Ciências*, v. 3, n. 1, p. 45-61, jun. 2001.

LOWEN, Alexander. *Prazer: uma abordagem criativa da vida*. São Paulo: Círculo do Livro, 1990.

LÜDKE, Menga. Combinando pesquisa e prática no trabalho e na formação de professores. *Revista da Associação Nacional de Educação*, São Paulo, v. 12, n.19, p. 31-38, 1993.

_____. Formação inicial e construção da identidade profissional de professores do primeiro grau. In: CANDAU, Vera Maria (Org.). *Magistério*: construção cotidiana. Petrópolis: Vozes, 1997. p. 110-125.

_____ (Org.) *O professor e a pesquisa*. Campinas: Papirus, 2001.

LUEDEMANN, Cecília da S. *Anton Makarenko*: vida e obra. São Paulo: Expressão Popular, 2002.

MAGALHÃES, Maria C. C. (Org.) *A formação do professor como um profissional crítico*: linguagem e reflexão. Campinas: Mercado de Letras, 2004.

MAKARENKO, Anton. *Poema pedagógico*. São Paulo: Brasiliense, 1985.

MARTINY, Luis E.; GOMES-DA-SILVA, Pierre N. A transposição didática na educação física escolar: a reflexão na prática pedagógica dos professores em formação inicial no estágio supervisionado. *Revista da Educação Física/UEM*, Maringá, v.25, n.1, p. 81-94, 2014.

REFERÊNCIAS

MATURANA, Humberto. *Emoções e linguagem na educação e na política*. Belo Horizonte: Ed. UFMG, 2002.

MERRELL, Floyd. *A semiótica de Charles S. Peirce hoje*. Ijuí: Ed. Unijuí, 2012.

_____. *Viver aprendendo*: cruzando fronteiras dos conhecimentos com Paulo Freire e Charles S. Peirce. Ijuí: Ed. Unijuí, 2008.

MINAYO, Maria C. S. *O desafio do conhecimento*: pesquisa qualitativa em saúde. 5. ed. São Paulo: Hucitec; Rio de Janeiro: Abrasco, 1998.

NÓVOA, António. Em busca da liberdade nas universidades: para que serve pesquisa em educação? *Educação e Pesquisa*, São Paulo, v. 41, n.1, p. 263-272, jan./mar. 2015.

_____. Os professores e as histórias da sua vida. In: _____ (Org.). *Vida de professores*. 2. ed. Porto: Porto Editora, 2007. p. 11-30.

OLIVEIRA, Danielle M. de; GOMES-DA-SILVA, Pierre N., O brincar do bebê: nota winnicotianas para uma prática pedagógica criativa. In: HERMIDA, Jorge Fernando; BARRETO, Sidirley de Jesus (Orgs.). *Educação infantil*: temas em debate. João Pessoa: Ed. UFPB, 2012. p. 75-98.

OLIVEIRA, Flavia F. de; VOTRE Sebastião J. *Bullying* nas aulas de Educação Física. *Movimento*, Porto Alegre, v. 12, n. 2, p. 173-197, maio/ago. 2006.

OLIVIER, Jean-Claude. *Das brigas aos jogos com regras*. Porto Alegre: Artmed, 2000.

ONOFRE, Marcos. Modelos de investigação sobre o ensino da educação física: da antinomia à coexistência. *Boletim da Sociedade Portuguesa de Educação Física*, Lisboa, v. 24-25, p. 63-72, 2003.

_____. Prioridades de formação didática em educação física. *Boletim da Sociedade Portuguesa de Educação Física*, Lisboa, n.12, p. 75-97, 1995.

PARLEBAS, Pierre. *Juegos, deporte y sociedad*: léxico de praxiologia motriz. Barcelona: Paidotribo, 2001.

PEIRCE, Charles S. *Escritos coligidos*. São Paulo: Abril Cultural, 1974. v. 36. (Os Pensadores).

_____. *Semiótica*. 2. ed. São Paulo: Perspectiva, 1990. v. 46. (Estudos).

_____. *Semiótica e filosofia*: textos escolhidos de Charles Sanders Peirce. São Paulo: Cultrix, 1972.

REFERÊNCIAS

PIAGET, Jean. *A formação do símbolo na criança*. 3. ed. Rio de Janeiro: Zahar, 1978.

_____. *Biologia e conhecimento*. Petrópolis: Vozes, 1973.

_____. *Seis estudos de psicologia*. 24. ed. rev. Rio de Janeiro: Forense Universitária, 1985.

PIMENTA, Selma G. O estágio na formação de professores: unidade, teoria e prática? 4. ed. São Paulo: Cortez Editora, 2001.

_____; GHEDIN, Evandro (Orgs.). *Professor reflexivo no Brasil*: gênese e crítica de um conceito. São Paulo: Cortez Editora, 2002.

_____; LIMA, Maria S. L. Estágio e docência: diferentes concepções. *Revista Poíesis*, v. 3, n. 3-4, p. 5-24, 2005/2006.

ROGALSKI, Norbert; DEGEL, Ernst-Günther. *Futebol para juvenis*. Rio de Janeiro: Ediouro, 1984.

SANTIN, Silvino. Reflexões antropológicas sobre a educação física e o esporte escolar. In: _____. *Educação física:* uma abordagem filosófica da corporeidade. Ijuí: Ed. Unijuí, 1987. p. 29-39.

SANTOS, Sergio L. C. *Jogos de oposição*: ensino de lutas na escola. Rio de Janeiro: Phorte, 2012.

SCHÖN, Donald. *Educando o profissional reflexivo:* um novo *design* para o ensino e a aprendizagem. Porto Alegre: Armed, 2000.

_____. *Educating the reflective practitioner*. San Francisco: Jossey-Bass, 1987.

_____. Formar professores como profissionais reflexivos. In: NÓVOA, António. (Org.). *Os professores e a sua formação*. Lisboa: Dom Quixote, 1992. p. 77-92.

_____. *The reflective practitioner:* how professionals think in action. London: Temple Smith, 1983.

SIEDENTOP, Daryl. *Developing teaching skills in Physical Education*. Mayfield: Palo Alto, 1983.

SILVA, Mauro S. da; BRACHT, Valter. Na pista de práticas e professores inovadores na educação física escolar. *Kinesis*, Santa Maria, v. 30, n. 1, p. 80-94, jan./jun. 2012.

SILVA, Pedro A. *3000 exercícios e jogos para educação física escolar*. Rio de Janeiro: Sprint, 2005. v. 2.

SOARES, Leys E. dos S. *et al.* Sensorialidade para crianças: o paladar na educação física escolar. *Revista da Educação Física/UEM*, Maringá, v .26, n. 3, p.341-352, set. 2015.

SPOLIN, Viola. *Jogos teatrais na sala de aula.* São Paulo: Perspectiva, 2007.

STENHOUSE, Lawrence. *La investigación como base de la enseñanza.* 6. ed. Madrid: Morata, 2007.

TAVARES, Fernando (Org.) *Jogos desportivos coletivos*: ensinar a jogar. Porto: Ed. Fadeup, 2013.

THORPE, Rod; BUNKER, David; ALMOND, Len. A change in the focus os teaching games. In: PIÉRON, Maurice; GRAHAM, George (Eds.). *Sport pedagogy*: Olympic Scientific Congress Proceedings, [s.l.], v. 6, p. 163-169, 1984.

VIGOTSKI, Lev S. *A formação social da mente.* São Paulo: Martins Fontes, 1984.

_____. *Pensamento e linguagem.* São Paulo: Martins Fontes, 1987.

ZABALA, Antoni. *A prática educativa*: como ensinar. Porto Alegre: Artmed, 1998.

ZANELLA, Andréa V. *Temas em Psicologia*, Ribeirão Preto, v. 2, n. 2, p. 97-110, ago. 1994.

Pierre Normando Gomes-da-Silva

Nasceu em 1966, em Campina Grande (PB). Amante da liberdade e defensor do viver brincante. É educador desde 1987. Graduado em Educação Física (Unipê, 1989), Teologia (IESTSP, 1991) e Pedagogia (UFPB, 1993). É mestre em Educação (UFPB, 1998) e Teologia (FC-TRJ, 2003); doutor em Educação (UFRN, 2003) e pós-doutorando em Educação Física (UFSM, 2017); professor no Departamento de Educação Física (UFPB, 1994); professor no Programa Associado de Pós-Graduação em Educação Física (UPE/UFPB); líder do Grupo de Estudos e Pesquisas em Pedagogia da Corporeidade (Gepec/CNPq, desde 2006). Seu campo de intervenção é o jogo em suas inter-relações pedagógicas, socioculturais e terapêuticas. Autor da teoria "Pedagogia da Corporeidade". Dos muitos livros e artigos, recomenda *Educação Física pela Pedagogia da corporeidade: um convite ao brincar* (CRV, 2016).

Mauro Betti

Licenciado e mestre em Educação Física pela Universidade de São Paulo (USP). É doutor em Educação pela Universidade de Campinas (Unicamp); livre-docente pela Universidade Estadual Paulista (Unesp) e pós-doutorado pela Universidade Federal de Santa Catarina. É professor adjunto do Departamento de Educação Física da Faculdade de Ciências da Unesp, *campus* de Bauru, e docente credenciado no Programa de Pós-Graduação em Educação (mestrado e doutorado) da Faculdade de Ciências e Tecnologia da Unesp de Presidente Prudente. Lidera o Grupo de Estudos Socioculturais, Históricos e Pedagógicos da Educação Física (CNPq). É autor dos livros *Educação Física e Sociedade* (Hucitec, 2003); *A janela de vidro: esporte, televisão e educação física* (Papirus, 1997); *Educação Física Escolar: ensino e pesquisa-ação* (Unijuí, 2009), além de inúmeros artigos em periódicos especializados. Foi assessor dos PCNs (5ª a 8ª séries do Ensino Fundamental) e da Proposta Curricular do Estado de São Paulo para a disciplina Educação Física. Entre 1980 e 1985, foi professor de ensino de 1º grau da Prefeitura de São Paulo.

www.cortezeditora.com.br